教师培训
推荐用书

Kick-Start Your Class:
Academic Icebreakers to Engage Students

让学生爱上学习的165个课堂游戏

[美] 卢安·约翰逊 LouAnne Johnson 著

中国青年出版社

图书在版编目(CIP)数据

让学生爱上学习的 165 个课堂游戏 /（美）约翰逊著；赵娜，王冬云译．—北京：中国青年出版社，2013.10
ISBN 978-7-5153-1903-2

Ⅰ. 让… Ⅱ. ①约… ②赵… ③王… Ⅲ. 课堂教学 – 教学设计 Ⅳ. G424.21

中国版本图书馆 CIP 数据核字（2013）第 211288 号

让学生爱上学习的 165 个课堂游戏

作　　者：[美] 卢安·约翰逊
译　　者：赵　娜　王冬云
责任编辑：周　红
美术编辑：李　甦
出　　版：中国青年出版社
发　　行：北京中青文文化传媒有限公司
电　　话：010-65511272 / 65516873
公司网址：www.cyb.com.cn
购书网址：zqwts.tmall.com
印　　刷：大厂回族自治县益利印刷有限公司
版　　次：2013年11月第1版
印　　次：2023年9月第23次印刷
开　　本：787mm × 1092mm　1/16
字　　数：150千字
印　　张：21
京权图字：01-2013-2423
书　　号：ISBN 978-7-5153-1903-2
定　　价：59.00元

目录
Contents

序言

找到打开学生心灵之门的钥匙

在刚涉足教学领域时，老教师曾告诉我：千万别用大喊大叫的方式来吸引学生们的注意，这无异于对牛弹琴。你虽然很卖力气，却收效甚微。我接受了他的建议，采用了其他的教学技巧，比如用教具敲桌子，咳嗽、在教室里走动，甚至是用身体语言来让学生们保持安静，这些方法有时确实效果不错。但有一天，我从一个视频中看到一名英国教师用乐器中的沙锤来吸引学生的注意力，学生们很喜欢这种方式。于是我也去买了一个在我的课堂上尝试，并惊奇地发现我的学生无论年龄大小、学段高低都很喜欢这个方式，这真是太神奇了。

科学家发现，人类有很强的猎奇心理，我们从祖先那里遗传来的天性，让我们为了生存必须时刻对危险保持警惕。我从三十多年的教学经验中发现，猎奇心理，恰恰是打开学生心灵之门的钥匙。

每一个教学经验丰富的教师都知道，新学年第一节课的前几分钟非常重要，把第一节课的功课做足了，后面的事情就会事半功倍。课堂上的时间非常有限，如果能够不断变换方法快速吸引学生的注意力，激起他们的兴趣，你几乎就成功了。本书中这些游戏不需要复杂的物品和材料，但它们却能让每一个学生体会到参与游戏的乐趣和满足感。更为重要的是，这些游戏易于完成且不需要花费太多的课堂时间，能让学生快速投入到学习当中。

本书由三部分组成。第一部分主要是把整个班级凝聚起来，让教学工作便于开展。而第二部分中的游戏是按照不同科目安排的，包括数学、科学、语文、阅读、社会实践、技术、美术、音乐和英语。第三部分则为大家准备了40个总结活动，其中20个用于总结某节课或是某个单元；另外20个用于期末总结。有些游戏已经为教师们设计了模板供课堂上使用。相信有这些游戏的助力，课堂的总结会变得更加生动，也更能帮助学生记住课程重点。

这些游戏可以：

- 让学生在精神上、情感上参与到你的授课中；
- 降低学生的焦虑和紧张情绪；
- 鼓励学生积极地深入思考；
- 创造一个方向一致的教学环境；
- 建立融洽的师生关系；
- 树立教师的权威；
- 促进师生间及学生间的合作；
- 在情感上鼓舞课堂士气；
- 使学生对学校和学习拥有积极的态度。

最重要的是你和学生在寓教于乐中真正得到乐趣，相信这也是你涉足教育领域的初衷。如果读者在阅读过程中有哪些好的改进建议和意见，欢迎来信分享，也可以把这本书作为和同事们的交流平台，展现出你们的风采！

第 1 部分

把学生凝聚起来的游戏

Getting Personal

创造一个积极的环境

科学研究发现——学习环境对学习状态起着非常重要的作用。这样的例子不胜枚举。当我们听到一首老歌，总能想起以前听到这首歌时发生的事情，或者是当我们闻到糕点的香味，总是能想起奶奶做的点心。

现在我们要利用开学之初或是新课程开始前的趣味游戏来给学生们打上一个情感印记。新学期的第一天，我们的目标是给学生们营造一个舒适轻松的课堂环境，让他们觉得自己很受欢迎，这样他们才有可能盼望第二天、第三天及以后每一天的学习生活。所以我们希望能让学生们尤其是新来的学生和腼腆的学生能够轻松地上好第一天的课。

当你的学生们不再排斥他们的老师及其他同学时，教学活动就会容易开展，也更容易产生理想的效果。所以在本书的前几章中，我们最大程度地给学生们提供娱乐性较强的游戏，这可以让他们放下情感上的抵触。

如何与棘手的学生相处

有的教师在与学生沟通时会有所顾虑，他们害怕当与学生一起玩游戏时会因为学生的不合作而冷场，一名教师曾经问我："要是学生们不参与到游戏中该怎么办呢？那样的话我感觉很尴尬，而且会失去权威感，以后还怎么管理课堂！"

这名教师的想法也不无道理，有些学生确实不太好管理，但也不是无计可施，问题的关键是牢牢记住学生的需求。那些棘手的学生往往存在严重的自尊问题，他们最先考虑的是要保持他们炫酷的名声，他们不想在同龄人面前显得太过"平庸"，他们希望得到情感上的安全感，因此让他们参与团队互换游戏是不明智的。相反地，如果你可以组织一个他们愿意参加而且不需要单独现身、不需要说出自己个人信息的趣味活动，他们一定会积极参与的。

本书中我为大家准备了三类不同的游戏，这三个类型的游戏在教学实践中都颇为成功，最适合集体活动的是“‘不得不’和‘我不能’”“神奇的眼睛”“我们看到的一样吗”“左脑还是右脑”“猜谜分组”“我的班级”“你我的契约”“找到你的老师”“第一天的感受”“纸张翻转”“不同的测量方法”。

千万不要低估了这些捣蛋的学生，在他们面前装作视若无睹不是一件容易的事情。如果你能给学生们一次树立自信的机会，大多数学生会愿意配合你的工作；如果你让他们觉得你的游戏没意思甚至会让他们丢脸，那么你想他们会积极参与吗？其实无论怎样，只要学生参与进来或是尽管参与不积极，但也不捣乱，那么教师就不要过多计较了。

请特别注意，如果有的学生不太配合你的工作，那么就不要在全体学生面前说这个学生很配合或是说他们玩得很开心。

CHAPTER 1

第一章

如何做自我介绍

Getting To Know You: Introductions

同学们坐在一起，老师让班里的每两个学生结成搭档，然后两个学生互相认识，再把对方介绍给班上的其他同学，他们按照老师的要求做了！

有些学生喜欢这个活动，但也有些学生更想去其他地方，做其他的活动，他们想参与一些更轻松、更愉快的事情，比如去医院做一个牙根管填充手术之类的。也许你觉得这个比喻有些夸张，但是确实有些腼腆的学生或是性格内向的学生认为自己宁可经历身体上的痛苦也不愿意在陌生人或是同龄人面前讲话，他们认为这些会给他们无形的精神压力和压迫感。

当我们成年人遇到这种情况时，我们可能会逃到洗手间，装着打电话，或者是起身离开，这些都会让我们觉得很舒服。但是，学生不能这么做，他们只能静静地待在教室里，也可能会中断教师的讲课或是做出公然藐视教师的行为，其实他们这么做并非别有用心，只是一种逃避，他们并不想参与一些无聊的课堂游戏。有时候他们也静静地坐在教室里或是参与一些活动，然而，他们其实只是行为上的参与，在情感上并没有真正投入进来，甚至可能是渐行渐远。

怎样才能让孩子们无压力地互相介绍

本章介绍的游戏主要是为了让学生们积极参与，这些方法可以让他们融入到集体中，在无压力的环境中与同学们互动。

学生会因为很多事情感到难为情，比如身高、体重、粉刺、疤痕、口吃、稀疏的头发、没有朋友、恐惧暴力、土气的衣着打扮、体毛、青春期引起的生理变化、过去不愉快的经历，等等。

许多教师认为学生需要学着在公共场合讲话，这个想法可能正确也可能不正确，但是教师在第一堂课上强迫腼腆或是难为情的学生站起来讲话的做法似乎并不能帮助学生增强他们的自信心，反而会使他们更加退缩，会使他们不想来学校，不想进教室，我想这也不是教师们想要的结果。

一些方法可以培养腼腆或是难为情的学生树立自信，你可以让你认识的成年人回忆一下他们上学第一天的情景，问问他们被老师叫起来在同学们面前说话时的感受。大多数人都会对此有一定的记忆，他们的回忆可以帮助你为学生们设计出有趣的游戏。

1 “形容词”游戏

- 游戏目的：让学生们互相认识
- 适应年龄：7岁以上
- 游戏时长：10~30分钟
- 游戏所需材料：字典（可选）

准备工作

列出一些形容学生的形容词，比如快乐的、精力充沛的、活力四射的、担心的、友好的、健谈的、安静的，等等。然后把这些形容词写在黑板上或者用投影机把这些形容词投射在幕布上，让所有的学生都可以看到。

把桌子和椅子排成一个圆形或是半圆形，或者你也可以做其他的安排，总之，要让学生们能看到彼此。

比较喜欢使用幽默的老师可以这样做：上课前你可以站在门旁，当学生进教室时向他们问好，你可以用各种各样的形容词形容自己，比如：我是又瘦又高的张老师，很高兴见到你们；欢迎大家来上课，我是戴眼镜的王老师，见到这么多可爱的学生来上我的课我很激动。学生们可能会偷笑，但这绝对是件好事。

给学生的指导

1. 请同学们用几秒钟的时间想一个形容词来形容一下自己，比如你可以形容自己是饥肠辘辘的，也可以是兴高采烈的。这不是考试，这个形容词也只是对自己当下的形容，目的是让同学们互相认识，我会给第一个开始此项活动的同学一些形容词供参考。

2. 我第一个介绍自己，也会用到一个形容词，然后我们轮流进行自我介绍，当轮到你的时候，你的任务是复述前一个人的名字及他/她描述自己的形容词。如果你说不上来的话，我们会帮助你的。

3. 为了增加这个游戏的趣味性，要选择一个与你的姓或是名谐音的形容词来描述自己，比如我是彬彬有礼的李斌。

4. 当我们每个人都介绍完自己后，我会请出几名志愿者，看他们是否能说出所有人的名字及其用来形容自己的词汇（如果时间不允许的话，该步骤可以省略）。

后续工作

在上课的第二天，你还可以请出几名志愿者，让他们说出同学们的名字或形容自己的词汇。还可以给学生安排一个5~10分钟的小测试，看看他们记住了多少同学的名字。志愿者完成这个游戏后，我们应该给他们鼓掌，鼓励一下。

请记录下能准确记住所有同学名字的人，许多研究表明，这样的学生有很强的人际交往能力，他们在学习方面也很有天赋，更容易获得成功。

2 收集签名

- **游戏目的**：让学生们互相认识
- **适应年龄**：7岁以上
- **游戏时长**：10~30分钟，具体时间根据班级学生数量而定
- **游戏所需材料**：定制的模板、彩色铅笔

准备工作

制作一个模板，把班上所有学生的名字写在模板的左手边，把你的名字也写在名单里。

把学生名字的顺序打乱，删掉学生的个人信息，诸如个人经历、电话号码、出生日期等，在每个名字的右边画上两个空格，供学生们在游戏过程中填写。

学生进入教室后，你向大家问好，然后给每个学生一份模板和一支彩色铅笔。你可以让先到的学生坐好，等一等晚到的同学。不要告诉学生们你的名字，让学生们在游戏中自己去发现。同学们都到齐后，你就可以让大家注意，游戏就要开始了。

给学生的指导

1. 你们每个人手里有一份我们班同学的名单，我的名字也在其中。

2. 你们的任务是确定名单上每个人都是谁，然后在名单上自己的名字旁边第一个空格中填上自己的名字。

3. 在第二个空格中写上自己喜欢的零食。

4. 你们有______分钟的时间完成这项任务，然后了解一下其他同学的名字和信息。

5. 彩色铅笔是我送给大家的礼物，欢迎大家。

6. 时间到了我会告诉大家，准备好了吗？开始！

后续工作

当游戏结束后，大家一起鼓掌庆祝，这种方式可以创造一个积极的氛围。你可以在第二天让记住全班学生名字的志愿者辨识班上的每一个人。

在一些特定的场合，你也可以用零食的信息来加深学生之间的印象。如果有的学生喜欢吃不健康的零食，你也可以考虑让他们换成健康的零食，同时可以告诉学生们营养与脑功能的密切关系。

你还可以这样

你可以在模板上增加一些空格，这样学生们可以分享更多的私人信息，比如他们的绰号、兴趣爱好、最喜欢的音乐和电影，等等。

3 真真假假

- **游戏目的**：让学生们互相认识
- **适应年龄**：7岁以上
- **游戏时长**：10~30分钟，具体时间根据班级学生数量而定
- **游戏所需材料**：模板（可选）

准备工作

可选：制作一个模板，上面列出学生名字及两个空格，把这个模板发给学生们，让他们用5分钟的时间填写。

把学生的桌椅重新摆放，使每个人都可以很容易地看到彼此，这样，当他们轮流讲话时，不必站起来让别人看到。

给学生的指导

1. 我们会轮流介绍自己，但是我们介绍自己的方法与往常有些不同，当轮到你时，请告诉我们你的名字，然后告诉我们关于你的两件小事。各位同学请注意，这两件事要有一件事情是真的，一件事是假的，我们的任务是猜出哪件事情是真的。

2. 你可以说“早饭我吃的是炒鸡蛋，我喜欢吃绿色的辣椒。”或者你也可以说“我家宠物狗叫汉克，我以前住在纽约。”你可以自由选择你想说的话题。

3. 当每个人都用这种方式介绍自己后，我会问大家你们记住了多少同学的名字，我先来做个示范：我出生在德克萨斯州，我开着一辆雪佛兰卡车。

后续工作

如果你有写教师日志的习惯，你可以把此活动当作日志的一项素材，你可以让学生们写出他们对这个游戏的反馈，你可以问学生："你们觉得这个游戏难吗？""在介绍自己时，你们喜欢介绍自己哪些方面？""你认为谁的自我介绍给你的印象最深？""如果有人给你们一些关于自我介绍的建议，你们会接受吗？""你们会怎样优化自己的自我介绍呢？"

你还可以这样

这个游戏就是成年人玩的"两个真话，一个假话"的变体，成年人玩这个游戏时会分享两个事实和一个谎言，说谎话的目的是为了混淆别人的视听。在课堂上，如果教师们有充足的时间，也可以让学生们玩这个游戏。

4 名片创意秀

- 游戏目的：让学生们互相认识
- 适应年龄：6岁以上
- 游戏时长：10~20分钟，具体时间根据班级学生数量而定
- 游戏所需材料：做卡片的硬纸、铅笔或记号笔、安静的图示、名片模板（可选）

准备工作

将做卡片的硬纸剪成名片大小供学生使用。学生的年龄越小，名片的尺寸应该越大。

为学生们准备一些真正的名片供他们参考格式。你也可以上网搜索特色名片的范例，有些名片特点鲜明、十分有趣。

在你把空白名片卡发给学生之前，你要先让学生们注意，提醒他们为自己制作名片的时间限制。

给学生的指导

1. 让我们用5分钟的时间来看一下名片的样例和格式，以及应该在名片上呈现的信息。在看这些名片样式的时候，我们思考一下自己的名片应该是什么样子的，你要展现哪些天赋——或许你最擅长的是给图片填色，或许你擅长做美味的蛋糕，或许你了解网页制作知识，也有可能你擅长溜冰（当然，老师给出的例子最好适合学生的年龄段和能力范畴）。然后你就可以集中注意力开始自己的设计了。

2. 现在，你有10分钟的时间设计专属于你自己的名片，你可以把自己的真实信息写在名片上，当然你也可以为了有趣把一些假信息写在名片上，如何创作是你的自由。一定要确保名片上出现的电话号码、

E-mail地址等联系方式是真实的，便于与你取得联系。

后续工作

学生们完成自己的名片设计后，让他们把自己的作品与其他同学分享，或者是把这些极富个性的名片贴在班级留言板或是班级告示板上，给学生们几分钟时间观摩。

你还可以这样

如果你教高年级或是在课堂上便于使用电脑，可以让学生们第一天打一个草稿，然后让他们第二天制作自己的名片，再把学生们在电脑上设计的名片打印在纸上或是名片模板上。为了把这一环节演绎得更加真实，你也可以开一个模拟的“商业会议”，学生们可以在会议上见面并互致问候。在模拟的商业会议上，他们不仅仅收集别人的名片，更学会了如何谈论某个具体的话题，比如哪位是做影视的，哪位是科技界的精英等。除此之外，他们更能从中学会如何沟通和互惠互利。

5 人形速描

- 游戏目的：艺术课的启蒙
- 适应年龄：7岁以上
- 游戏时长：10~20分钟
- 游戏所需材料：人形轮廓模板，水彩笔

准备工作

准备一个基本人形轮廓的模板，然后给班上的每个学生复印一份，一定要多准备几张，以防有的学生不慎弄脏了他们的模板，或是有的学生有了更好的创意想再画一份。

你可以事先为学生们画几张作为范例，比如你可以在人形模板上画出脸部器官或表情，也可以画出衣服及饰品，或是用几个简单的词写出你要画的对象的兴趣爱好，等等。

记住，游戏过程中，一定要让学生们保持注意力集中！

给学生的指导

1. 我们要做一个自我介绍，但是要用一种与众不同的方式——不用文字，而是用图片。

2. 你们现在人手一个模板，每个模板上都有一个人形的轮廓，你们的模板是相同的（边说边为学生们展示人形模板）。

3. 当大家完成了自己的作品后，你们的模板就会呈现出不同的样子，模板上会显现你的特点。

4. 我们要把自己的名字、五官、衣着服饰以及我们喜欢的物品等画在模板上。

5. 我们有______分钟的时间完成绘画，剩余1分钟时，我会提醒大家时间快到了。

6. 如果没有足够的时间完成你的画作也不要着急，可以留待日后完善。

后续工作

学生完成画作之后，你可以让学生们把自己的作品贴到布告栏上或是教室的墙上。当所有的学生都完成了之后，你可以让同学们浏览一下别人的作品或是让大家讨论一下他们的作品。如果学生们很健谈，你可以请他们在全班面前展示自己的作品，也可以让他们用语言描述一下自己的作品以及为什么这样描画。

如果同学们彼此还不太熟悉，你可以把所有的作品收集起来后交给一个同学，看他/她是否能从绘画作品中认出同学们。

还可以把这些作品收集起来，随意选出一张，然后让这张画对应的同学回答问题。最后你可以把作品倒过来，让学生们猜画中人是谁。

你还可以这样

如果学生们的年龄偏小，可以用蜡笔代替水彩笔；如果他们不会画自己喜欢的游戏或是玩具，可以让他们写出自己认识的词语。

6 我们一起认识你

- **游戏目的**：让学生们互相认识
- **适应年龄**：6岁以上
- **游戏时长**：10~20分钟，具体时间根据班级学生数量而定
- **游戏所需材料**：学生问卷、钢笔或铅笔

准备工作

制作一个符合学生年龄段和关心话题的问卷，问卷中可以问及学生的学习习惯、学习爱好及个人情况等方面的问题，问卷中也应该包含一些趣味性问题。

如果学生自由入座，那么他们进入教室后，你可以给学生每人分发一份问卷。如果学生的座位是固定的，那么你可以在学生们进入教室前，把写好名字的问卷放在对应学生的桌子上，学生们到齐后填写自己的问卷。一定要多准备几张空白问卷。

以下是一些问题的范例：

如果有一天你的眼睛看不见了，你想要做什么事情呢？

如果你可以变成一种动物，你想变成什么动物？为什么？

你喜欢听别人给你讲故事，还是喜欢自己阅读？或是你从不读书？

你喜欢以以下哪种方式学习新游戏？

A. 让别人给你解释怎么玩。

B. 先看着别人玩，然后再自己尝试。

C. 踊跃参与到游戏中去体验。

放学后，你通常怎样对待作业？

A. 放学回家后立即做作业。

B. 半夜才想起来做作业。

C. 拖延到最后一分钟才做作业。

D. 经常忘记做作业。

你一直都很喜欢的零食是什么？

你认为老师应该怎样帮你取得好成绩？

请在以下各项中选出你最喜欢的校园活动：

个人项目	集体项目
a.做调查	a.写报告
b.科学实验	b.解答数学题
c.单词拼写	c.集体阅读
d.个人阅读	d.写学习日志
e.看教学视频	

许多教师认为这个问卷中还应该增加一个问题：你认为你的老师怎么样？这也是学生们喜欢的话题之一。这个问题可以加深师生间的相互了解，也可以增进师生交流，促进师生间的相互尊重。

给学生的指导

1. 你们有______分钟的时间完成问卷上的问题，时间快到时，我会提醒大家。

2. 如果你有任何不明白的问题，可以举手示意我，我会过去帮你。

后续工作

如果时间允许，可以安排学生们以一组与教师讨论个人爱好等不需要教师指导的话题。当然，学生们也可以不必分组，每个人与教师自由交流也是一个很不错的方式。你可以让学生坐在你的旁边，谈话持续2~3分钟即可。如果你一天之内无法与全部学生交流，可以在不同的时间与学生们开展访谈。访谈时你应该面带笑容；有些学生喜欢“装酷”，他们需要的是“观众”，希望得到别人的认同，而你完全可以扮演这个角色。

学生很希望更多地了解他们的老师，如果你在问卷中增加一些关于你自己的问题，他们一定会很高兴，他们会因此更愿意回答问卷中的其他问题。如果学生们想要了解的情况是你不愿意回答的，那么请忽略这些问题。有些学生问一些奇怪的问题只是为了测试一下你的幽默感。

你还可以这样

你可以让学生自己制作一张问卷，在问卷的背面写上学生自己的名字，然后把学生们的问卷收集上来，仔细浏览问卷以确保问卷的问题都是学生可以回答的。每两个学生分为一组，请记住我们的分组原则，不要让学生随意自己找搭档。如果学生的数量是奇数，那么你也可以参与进来。在回答完一份问卷的问题后，组与组之间可以交换问卷，利用5~10分钟时间完成对新问卷的讨论。

7 “不得不”和“我不能”

- **游戏目的**：让学生们互相认识
- **适应年龄**：6岁以上
- **游戏时长**：10~20分钟，具体时间根据班级学生数量而定
- **游戏所需材料**：“不得不”和“我不能”材料、钢笔或铅笔

准备工作

这个游戏对那些不太喜欢主动认识别人的学生是很有效的，可以提醒他们自己有能力选择学校生活。如果有的学生并不想填写这些材料，只要他们不捣乱，你就可以不用太在意，这并不会影响他们以后的学习效果。

让学生补充以下句子。

我不得不________________________________。

我不能__________________________________。

当学生们走进教室时，给每个学生分发一份材料和一支铅笔或钢笔，同时向他们问好。

在游戏开始之前，你要让学生们集中注意力。

给学生的指导

1. 今天我们要做一个小练习，这个小练习是心理学家设计的，它可以帮助我们控制自己。小练习的材料已经发到每个人的手里，请大家填写后交给我。交回时你可以采取匿名的形式，不告诉任何人你所写的内容。

2. 在你的材料中，你会看到两个不完整的句子，用脑海里浮现出的第一件事来完成这两个句子。

3. 然后回过头来看第一个句子，把“不得不”这个词换成“选择”。

再回到第二个句子，把“不能”这个词换成“不想”。现在请再读一读你补充的两个句子，看它们是否依然正确。

4. 我们经常对自己说我们不能做××事，但是现实生活中我们真正不能做的事情很少。我们做了很多事情，因为我们选择这样做，我们乐于这样做，我们不想看到放弃的结果。为了生存，我们不得不做的事情只有5件：呼吸、饮水、吃饭、睡觉、排泄。其他的事情都是可选的。

后续工作

如果班上有同学自愿分享自己的答案，你也可以邀请同学们参与讨论，尽量防止学生们因讨论引发争吵。

8 你猜不到

- **游戏目的**：让学生们互相认识
- **适应年龄**：3岁以上
- **游戏时长**：10~20分钟，具体时间根据班级学生数量而定
- **游戏所需材料**：无

准备工作

把学生的桌椅重新摆放，使每个人都可以很容易看到彼此。如果桌子是固定的，可以把椅子摆成一个圈。

游戏开始时，要让学生们集中注意力。

给学生的指导

1. 今天我们要用一种不同的方式来做自我介绍。在做自我介绍时，我们除了要说出自己的名字以外，还要与大家分享一件不为人知的往事，这件事可以是发生在你身上的事，也可以是你做的某件事。比如，你可以扭动自己的耳朵；你曾经看见过鲨鱼；你六岁时不幸胳膊骨折；你讨厌巧克力口味的冰棍。

2. 我们用2分钟的时间来回想一下发生在我们身上不为人知的往事，然后就可以开始游戏了。

3. 好吧，我先来，我叫×××，你们可能猜不到的事情是__________________________________。

后续工作

当游戏结束后，大家一起鼓掌，这种方式可以创造一个积极的氛围。你可以让记住全班学生名字的志愿者辨识班上的每一个人。请记录下能

准确记住所有同学名字的人，这样的学生有很强的人际交往能力，他们更有领导力。

你还可以这样

为了加深对这个游戏的印象，可以让学生们把游戏过程写进日记，你可以让他们从以下几个问题入手：同学们说的哪些事情让你大吃一惊？谁说出的事情最有趣？这个游戏还可以在哪些方面得到改进？

9 神奇的眼睛

- **游戏目的**：让学生们互相认识
- **适应年龄**：6岁以上
- **游戏时长**：10~20分钟，具体时间根据班级学生数量而定
- **游戏所需材料**：能体现眼睛神奇之处的样品

准备工作

去图书馆借一些三维立体画方面的书籍，如果图书馆没有这方面的书籍，你也可以去书店购买，你还可以从www.magiceye.com这个网站下载一些三维立体画。如果你的教室有电脑，你们可以在线观看这些图片。

你可以从www.vision3d.com这个网站打印观看三维立体画的几种方法，该网站提供3种方法，大家普遍认为第2种最好用，你可以直接在浏览器的地址栏里输入www.vision3d.com/methd02.html。

游戏开始之前，要让学生们集中注意力。时间快到时，你要再一次提醒大家。

给学生的指导

1. 今天，我们要用三维立体画做一个试验。

2. 首先，我要给大家讲一讲如何观看三维立体画，然后我会给每人一张三维立体画，大家可以按照我所讲解的方法观看三维立体画（如果你的教室有电脑，你可以让学生们在线观看这些图片）。

3. 如果你能很快看出发给你的那张三维立体画，你可以帮助周围还没有看出来的同学。

4. 已经看出来三维立体画中隐含图像的同学可以互换自己手中的三维立体画或是在网上换一张新的。有些三维立体画中隐含的图像比较容

易看出来，有些就相对难一些，同学们要有耐心。

后续工作

从书中选取几张三维立体画，然后把它们挂在墙上，高度与学生平视的高度平行即可。各年龄段的学生都喜欢看三维立体画，实际上三维立体画对眼睛也有好处。在学生们课间休息或是提前完成课业任务后，给学生们一些时间让他们看一些三维立体画。

如果你的学生连一幅三维立体画都看不出来，则应该把这名学生送去校医院检查眼睛或是告知家长。研究表明，10%~16%的孩子有聚焦缺陷或是视觉重影，要及早发现。

10 我的袋子

- **游戏目的**：让学生们互相认识
- **适应年龄**：3岁以上
- **游戏时长**：第一阶段5~10分钟，第二阶段10~20分钟
- **游戏所需材料**：小纸袋、马克笔或蜡笔、教师用的文件袋

准备工作

请注意：这个游戏由两部分组成。

根据学生人数为每人准备一个小纸袋，最好多准备几个以备不时之需。在一个纸袋子上写下你自己的名字，然后再在纸袋上设计一个图案，在纸袋的里面放3个小物品代表你。如果班级里有的学生家庭不富裕，则可以放一些不用花钱就能得到的物品，比如小鹅卵石、干花或树叶，或是从杂志上剪下来的漂亮图片。

所有学生坐到自己的座位上后，为他们展示你的小纸袋，然后告诉学生们你的袋子里装的是什么及为什么选这些物品：我带来了我家狗狗的照片，因为它是我的好伙伴；我带来了一片叶子，因为我喜欢树木，我一直都很喜欢爬树；我还从杂志上剪下来一幅图片，因为每次看到这张图片时我都觉得很开心（或这正是我想要的东西）。

把纸袋子发给学生们。确保向学生们说明游戏规则后再发给学生马克笔，因为如果你早早就把马克笔发下去，他们就不会注意听你讲解游戏规则了。

给学生的指导

1. 我会给每位同学发一支马克笔，然后请你们用马克笔把自己的名字写在纸袋的外面，再在袋子上设计一些图案。你将有______分钟的时

间装饰你的纸袋。

2. 明天请把你的袋子带回到学校，别忘记在袋子里放上能够代表你的物品。在明天的课堂上我们会看看大家的袋子里装的是什么物品，以增进对彼此的了解。

后续工作

第二天，同学们轮流展示自己的袋子及袋子里装的物品。这个游戏可以全班一起玩，也可以把学生们分成小组玩。如果学生比较腼腆，则小组游戏更适合他们。随后再重新分组，让每个学生有更多的展示机会，也让更多的学生彼此互相了解。当游戏结束后，大家一同鼓掌庆贺了解的深入，同窗情的加深。

你还可以这样

除了使用纸袋作游戏道具外，你还可以给学生准备小盒子，但不要选太大的盒子。

11 我们看到的一样吗

- **游戏目的**：让学生们互相认识
- **适应年龄**：8岁以上
- **游戏时长**：10~20分钟，具体时间根据班级学生数量而定
- **游戏所需材料**：能带来视觉错觉的样本，钢笔或铅笔

准备工作

找几个能带来视觉错觉的样本，用独特的名称标注每一个样本。

当学生走进教室时，给每个学生一份样本，然后让学生们坐到自己的座位上，等着你告诉他们游戏规则。

给学生的指导

1. 现在，全班学生人手一份视觉错觉样品，它可能会欺骗你的眼睛，因为实际情况可能与你看到的不大一样，我们将要通过这样一个小游戏来增进彼此的了解。

2. 当我宣布游戏开始后，你将有______分钟的时间找到与你手中样品相同的同学，向对方做自我介绍，然后核对与讨论你们的样品。

3. 游戏时间结束之前，我会给大家提醒信号。

4. 接下来，大家集体讨论为什么视觉错觉样品会欺骗我们的眼睛，借助大家的力量找出原因。

5. 简单解释说明你的原因，然后在视觉错觉样本的文本下方写出你的解释。请务必注意写清你的观点，便于其他同学阅读。

后续工作

允许学生在教室里环顾，了解其他学生的视觉错觉样本和解释说明。

如果哪个组对自己的解释有信心，教师可以选出该组中有代表性的内容跟同学们分享。

这个活动很容易引发关于思维重要性的讨论，即使你说出的答案并不正确也没关系。有时最疯狂的想法可以得出最棒的答案，如果我们害怕犯错误，会错过很多好的学习机会，比如“即时贴”就是由于发明它的人手头暂时没有胶水又想粘贴而被发明出来的。

你还可以这样

如果教室里有电脑和网络，学生也可以上网搜索一些视觉错觉样本，可以把这些图片下载下来制作成幻灯片与大家共享。

12 名片

- **游戏目的**：让学生们互相认识
- **适应年龄**：3岁以上
- **游戏时长**：10~20分钟，具体时间根据班级学生数量和年龄而定
- **游戏所需材料**：硬纸板、马克笔

准备工作

把纸张折叠成名片大小或是把厚纸板剪成名片大小，也可以做一个独特的形状，然后把名字写在上面并用图案或图片加以装饰。

为每个学生准备一张名片大小的硬纸板，你可以多准备出几张，以备不时之需。

提前数一下马克笔的数量，这样你就知道游戏结束后应该收回多少支马克笔了。如果你给学生的马克笔痕迹无法水洗，请一定提前告诉学生让他们多多注意，以免弄脏衣服。

在每个学生的课桌上放一张空白纸片，或是学生们走进教室后给每个学生分发一张。

给学生的指导

1. 首先，请把你的名字写在名片的一面，记住字体要大。我已经制作了一张我自己的，现在展示给大家。

2. 如果你愿意，可以像我这样在名片上做一些装饰，当然你也可以什么都不多写。

3. 你将有5~10分钟的时间来制作自己的名片。游戏时间结束前1分钟我会给大家发出倒计时信号，请大家掌握好时间。

4. 大家制作完成自己的名片后，我会测试一下大家的记忆。我会把

你们的名片收集到一起，然后请志愿者把名片分发给同学们，看他们是否能够正确派发。

后续工作

在接下来的第二天、第三天、第四天的课堂上重复步骤4的内容，直到同学们已经完全记住了彼此的名字，这可以强化团队意识。当学生正确认出所有同学的名字后，请给他们掌声鼓励。

你还可以这样

让学生们在各自名片的背面列出自己的兴趣爱好，然后把名片收集到一起，随机抽取一张读出背面的兴趣爱好，请有与之相同兴趣爱好的同学举手，或是让他们根据这些兴趣爱好猜猜这是哪位同学的名片。

13 左脑还是右脑

- **游戏目的**：让学生们互相认识
- **适应年龄**：9岁以上
- **游戏时长**：10~30分钟，具体时间根据班级学生数量和年龄而定
- **游戏所需材料**：海报纸、大脑测试、互联网、马克笔、画纸

准备工作

人们常说，脑半球各有分工，左脑侧重于逻辑，右脑侧重于创造力，但其实左脑和右脑的功能要远比这些复杂得多，实际上两个半球都会分析数据，形成想法，同时，它们也各有特点。左半球也叫作分析半球，它主要处理硬事实，比如推理、科学、文字结构及时间；右半球也叫作直觉半球，它主要处理软事实，比如颜色、节奏、关系和幽默。

复印一些脑半球偏好的测验题，这些题你可以很容易从互联网上获取。你可以从测试题中选一些适合学生年龄的问题，然后根据学生数量复印出相应的份数。

制作两张海报，在其中的一张写上项目1，另外一张写上项目2。

项目1：按老师说的要求进行讨论、研究、独立工作，解决问题。

项目2：提出要求，制作模型，小组工作，画出图片。

接下来，把海报贴在教室墙上。

在单独的一张画纸的顶部写上项目1，中间写上项目2，给每个学生一支马克笔，让他们在下面写出自己的名字。

可选：准备2项小活动，一个是需要用到左脑的技巧，比如逻辑问题或脑力训练；另一个小活动需要用到右脑技巧，比如为自己熟悉的故事画插图，或是为某一流程制作模型。

在游戏开始之前，教师应该让学生集中注意力，并且告诉学生在游

戏结束之前你会提醒他们游戏时间快到了。

在完成下一个环节中的第三步之前请不要把测试题发给学生，因为如果提前发放测试题，一些学生会开始做题而不认真听你的指导。

给学生的指导

1. 教室里有两张海报，海报上列举了我们在学校里做的一些活动。当我发出开始的指令后，请同学们起身，你们将有5分钟的时间来阅读海报上的内容。

2. 如果你喜欢项目1上的内容，请你到标有项目1的海报上签上你的名字；如果你喜欢项目2上的内容，请你到标有项目2的海报上签上你的名字；如果两张海报上列举出的活动你都很喜欢，请在中间写下你的名字。写完后请同学们回到自己的座位上。

3. 现在我们开始这个小测试。在这个测试中，成绩并不重要，我们的目的是确定你是左脑起主导作用还是右脑起主导作用。正如我们有的人用右手写字，有的人用左手写字，有的人两只手都可以写，有些人的左右脑半球都很发达。实际上，我们的两只耳朵和两只脚也同样有一个起主导作用。现在我们还是把注意力拉回大脑上来，本次测试没有正确与错误之分，你只要选出适合自己的答案即可。

后续工作

为你的学生选择适合他们年龄段的游戏项目，这更有利于他们讨论脑半球的作用，通过讨论大脑半球的作用，学生们可以知道大脑半球是如何影响他们的学习的。你也可以在班上为学生们解析脑半球对学习方式的影响，鼓励学生左右脑并用。

如果时间允许，你可以给学生们做一些左右脑小游戏，也可以让学生们自己准备一些左右脑小游戏在下节课上做互动。

在进行测试之前，比较一下学生们在画纸上写下的结果，然后讨论一下结果是否与他们本人的实际情况相吻合。给每一组安排阅读、写作、讨论、美术及实际动手的项目，学生们完成之后，让学生们说出自己比较擅长哪些项目，不擅长哪些项目。

这个话题值得我们花费一些时间，原因有三。1. 学生们对该话题很感兴趣。2. 它鼓励学生们注意到自己的思考和学习。3. 它为教师提供与他人交流想法的有用信息，帮助教师迎合学生们的学习风格。专家建议学生们兼顾使用两侧脑半球，这样可以帮助他们培养自己的思维技能。

教师们也可以在网上搜索一些网站，很多网站都提供这方面的小测试，找出比较科学的小测试提供给学生。

对于年龄更小的学生，教师可以选择一些问题供学生游戏之用，然后注意一下学生在开始测试之前比较喜欢阅读、绘画还是听老师的指导。通过观察你可以注意到哪些学生喜欢自己学习，哪些学生喜欢集体学习。

14 挥舞你的旗帜

- 游戏目的：让学生们互相认识
- 适应年龄：6岁以上
- 游戏时长：10~20分钟，具体时间根据班级学生数量和年龄而定
- 游戏所需材料：彩色美术纸、马克笔、剪刀、胶棒或透明胶带

给学生的指导

1. 今天我们要制作属于我们自己的旗帜，你的旗帜从某种程度上来说代表你自己，你最中意的兴趣爱好、你的性格等都可以成为你旗帜上的内容；另外请一定记得把你的名字写在旗帜的正面或背面，这样我们才能知道每个旗帜是属于谁的。

2. 你有______分钟的时间制作专属于你的旗帜，你可以向你的同桌或是邻桌征求意见。

3. 游戏时间结束前我会提前通知大家。

4. 我们会轮流展示自己的旗帜并向同学们解释我们各自的创意。

5. 旗帜展示之后，我们会把每个人创作的旗帜用绳子串联起来供大家欣赏。

这时就可以分发制作旗帜所需要的物品了。

你还可以这样

如果有的学生并不擅长做手工或是游戏时间受限，他们可以用画笔画出专属于他们自己的旗帜。

15 站到你喜欢的音乐区

- **游戏目的**：让学生们互相认识
- **适应年龄**：6岁以上
- **游戏时长**：5~15分钟，具体时间根据班级学生数量和年龄而定
- **游戏所需材料**：不同流派的音乐CD，歌手或是乐队的海报

准备工作

把教室分成若干区域，每个区域为一个音乐区，然后在每个音乐区展示不同流派的音乐CD或是歌手、乐队的海报。你可以准备乡村音乐、rap、流行音乐、hip-hop、爵士乐、古典乐、踢踏舞音乐等，也可以根据学生的年龄特点准备一些有特色的歌手或是乐队的海报。在每个音乐区放一些白纸、铅笔或钢笔。

在电脑上写出你为大家准备了哪些流派的音乐或是海报，上课前几分钟可以在教室里放低音量播放这些音乐。

学生们走进教室后，为学生们反复讲解游戏规则，确保每个学生对游戏规则没有疑虑。

给学生的指导

1. 在教室里走动，然后在每个音乐区停留几分钟，了解该区域的音乐特点，并与同学们就该区域展示的内容展开讨论。

2. 几分钟之后，我会给大家发出信号，这表示欣赏时间结束。

3. 然后每个学生走到你所喜欢的音乐区域（如果你教的学生有较强的音乐造诣，或是觉得你为他们选取的音乐很糟糕，你可以让他们选出他们最不喜欢的音乐，以此缓解尴尬的局面，免得使游戏处于无法控制的状态）。

4. 在每个音乐区你们会看到一些白纸和笔。我宣布开始后，请每个音乐区的学生在白纸上写下自己的名字及你们选择该音乐区域的原因。大家将有3分钟的时间写出以上内容。

后续工作

学生们写出他们的理由后，让每一个音乐区的成员派代表来分享他们的理由。如果时间允许，也让可以让每个人都说出他们喜欢的理由，还可以给学生们时间讨论并解释他们的理由，这样的讨论可以激发学生们的写作热情。

你还可以这样

除了在教室里建立音乐区这种方式以外，还可以相应地辟出其他的主题活动区，比如食物区、动物区及体育运动区，等等。

16 你曾经这样吗

- 游戏目的：让学生们互相认识
- 适应年龄：6岁以上
- 游戏时长：10~20分钟，具体时间根据班级学生数量和年龄而定
- 游戏所需材料：厚纸板

准备工作

用硬纸板分别制作3个单独的标识牌，上面分别写上“是的”“不是”“可能”这3个词，然后把这3个标识牌放在教室的3个不同位置，这3个位置距离越远越好，同时还要保证标识牌上的字足够大，能让教室里所有的学生看到。

然后在纸板上用大字写上：你曾经__________吗？

你可以在纸板或是幻灯片中写上一些比较有创意的问题，比如：你会因为100元而生吞臭虫吗？你会对你的好朋友撒谎吗？你会对警察撒谎吗？给你10万元你会裸奔去学校吗？

给学生的指导

1. 我会问大家一些问题，在我问完每一个问题后，你们有15秒的时间跑到与你的答案相同的标识牌处。

2. 接下来，你将有30秒的时间在你选择的标识牌处把自己介绍给大家，如果你愿意的话，可以与同你答案相同的人握手。

3. 介绍时间结束前，我会给大家提示。

4. 当你已经回答了5个问题后，你就有机会自己出题向同学们提问。

后续工作

把学生们分成两人一组或是多人一组，然后给他们5~10分钟的时间写出更多的问题供同学们回答。教师要提醒同学们不要问过分的问题。游戏结束之后教师可以让学生们把这次开展的游戏写进日记。

你还可以这样

如果教室的空间不太适合学生们移动，你可以让学生用以下方式回答问题。

1. 当学生们想要答题时举起手来告诉老师他们的答案是“是的”“不是”还是“可能”。

2. 举起有颜色的牌子来回答问题，绿色代表“是的”，红色代表“不是”，黄色代表“可能”。

3. 给学生们提供马克笔或是蜡笔，如果他们的回答是“是的”，则需要用绿色的马克笔或蜡笔写出“是的”；如果他们的回答是“不是”，需要用红色的马克笔或蜡笔写出“不是”；如果他们的回答是“可能”，需要用黄色的马克笔或蜡笔写出“可能”。

CHAPTER 2

第二章

如何分组与合作

Working Together: Assigning

用游戏作为载体去安排合作拍档或是分组是一种具有双重目的的策略。这种方式除了能让学生们在有趣的活动中互相交流之外，还意味着你在为未来课程中分组开展游戏做着准备。本章中设计的游戏均需要将学生们随意分组，而不用考虑到学生之间是否彼此熟悉及他们受欢迎的程度。在给学生分组时，一定要保证没有人被遗漏在外，有时当学生们自由分组常常会发生这种情况。

在最近的一次关于“高效教学”的课堂上，一名示范教师就从“开学第一节课的分组游戏”这个角度为大家讲示范课。在这个全程是教师参与的特殊课堂上，一名四十多岁且有着几十年教学经验的教师最终没有搭档。

她说：“我不敢相信自己当时有多么沮丧。整个学期每个人都在探讨安排学生小组讨论或是小组讨论时确保不会有人被遗漏的重要性。同时，我们也认为即使有人被遗漏在外也不是什么大不了的事情。但如今，这样的事情发生在我身上，我才真切地感受到那种感觉有多糟，虽然我知道这只是一次偶然事件。”

如果一个成年人都认为这种感觉如此糟糕，可想而知一个孩子会有怎样的感受。即使有人对这样的错误做出了道歉、解释乃至更正，但在分组中被遗漏的人仍旧会听到内心淡淡的质疑声“没有人想和我在一起。”如果老师主动成为学生的搭档，这种内心的质疑声会更大。“我的同学们没人愿意和我一组，所以我不得不和老师一组，这让我觉得自己是一个失败者，一个被抛弃的人”。即使老师想方设法解决这个问题，但是他们发现学生们内心的阴影仍旧挥之不去。我们希望学生们会带着极大的好奇心期待下次课，所以作为教师，你可以提前数好学生人数，如果有必要，你也可以把自己设计到分组计划中去，给学生选择你的机会，而不只是作为补缺的角色出现。

本章为大家介绍的游戏可以让学生们分组后与搭档共同完成任务。在形成小组后，如果你立即让学生们完成一个任务或挑战，你会省去很多麻烦，同时也为学生们提供一个非常棒的合作机会。例如，你可以给他们5~10分钟去讨论一个议题，看每个小组是否能就讨论结果达成一致，比如你可以给出一个话题“你是否同意学生15岁就应该离开学校走向社会？”或是给他们安排一个有趣且实用的任务，比如：请为老师们设计一个供学生填写的报告卡。这种种方法皆是希望学生们能够通力合作，尽快融入小组，开启合作状态。这些方法也可以使学生们更好地利用时间，使他们不因个性的不同而拖延时间。

特别说明：如果你的班级里有比较敏感的学生，一定要避免安排需要分享个人信息的任务，否则他们会很不情愿或是觉得自己的隐私被别人冒犯了。在这种情况下，你安排的任务应该尽量集中在思考和分析的理性层面，而不要集中在感性层面。

17 匹配卡片

- **游戏目的**：安排搭档并分组
- **适应年龄**：6岁以上
- **游戏时长**：5~15分钟
- **游戏所需材料**：带数字、符号或图片的卡片，海报板

准备工作

把班级中的学生分成两至四人一组，具体由教室情况来决定。然后根据每组人数制作相应数目的一组匹配卡片，学生们分成了几组就准备几组不同主题的卡片。如果班级人数不能被整除，教师可以根据实际情况让某个组的人数稍多些，对于缺勤或是未来有可能转入学生的情况教师应做到心中有数。

把所有的匹配卡片放成一堆，然后打乱卡片的顺序。

在海报板上列出一个主列表，为学生们展示某一组匹配卡片的样本，每张卡片的一侧或底部应给出横线供学生们填入自己的名字。

为学生们设计一个10~15分钟的任务或游戏，比如七巧板、文字迷宫或琐事测试，然后把你的游戏或任务贴在黑板上或是投影在幕布上。

在学生们进入教室时给每个学生发一张卡片。

给学生的指导

1. 我们班上有______个人与你手里拿的卡片是相匹配的。当我说“游戏开始”后，你会有______秒钟（或分钟）的时间来寻找与你手里卡片相匹配的同学。

2. 时间结束前我会提前通知大家。

3. 当你找到与你卡片匹配的同学后请举起手来示意我，我会过来记

录你们的名字。

4. 我记下你们的名字后，你可以与你的搭档坐在一起开始做黑板上或是幕布上的游戏。

后续工作

把你的主列表贴在学生可以很容易看到的地方。如果有新同学要加入这个游戏，你可以把新同学安排在某一组里或是建立一个新小组。

如果分组活动结束后没有时间安排新的游戏任务，可以以后再安排，此次活动只要给学生30~60秒的时间让他们找到自己的搭档即可。

你还可以这样

根据学生的年龄和学段特点为学生们选择合适的词汇、符号、某一主题的图片。对于年龄小的学生来说，符号更适合他们，比如星星、气球或是苹果等；对于学习音乐的学生来说，音乐术语，比如速度标记、弱音符号、强音符号等也是很不错的选择；教师可以给计算机爱好者准备一些专业术语，比如维基、下载、网址链接，等等。

18 动物朋友

- **游戏目的**：安排搭档并分组
- **适应年龄**：5岁以上
- **游戏时长**：5~15分钟
- **游戏所需材料**：索引卡、铅笔、动物图片或剪贴画、海报板

准备工作

你可以用动物图片或剪贴画作为分组工具，每种动物图片准备3份，如果班里学生的数量不能被3整除，你可以单独准备出2张图片，你自己也可以参与到游戏当中充数。

接下来为每个学生准备一张索引卡，也要多准备出几张来备用，以备有新学生加入。然后把每一种动物图片分别贴到三张索引卡上，在卡片的上方留出空格用于写学生的名字，在图片的旁边或是下方划出两个空格用于写该学生搭档的名字。

在海报板上列出一个主列表，为学生们展示每一种动物的图片，然后在每种动物图片的一侧或底部划出3条横线写出同一组学生的名字。

如果这是你第一天的游戏活动，可以在学生们进入教室的时候给每个学生发一张卡片，或是在学生们就座后发给他们卡片。无论选择哪一种方式都要给学生们展示一份样本，你可以将样本打在大屏幕上为学生展示或是拿着样本在班级中展示让学生们浏览。

给学生的指导

1. 把你的名字写在你卡片上方的空格里。

2. 当我说“游戏开始”后，你会有______秒钟（或分钟）的时间来寻找与你卡片相同的两个同学。

3. 游戏时间结束前我会提前通知大家。

4. 当各位同学找到了其他两位同学之后，把你们的卡片交给老师，我会把你们的名字写到主列表上。

后续工作

把你的主列表贴在学生可以很容易看到的地方。当你想让学生分成小组时，给学生们30~60秒的时间让学生们找到自己的搭档即可。

你还可以这样

在分组的时候，你可以根据情况扩大或缩小每一组的规模，而你准备的动物图片也应调整为相应的数量。对于年龄较大的学生可以用名字、城市图片、国家地图来代替动物图片，也可以选择某个具体科目中的术语来代替动物图片，比如数学中的圆形、正方形、锥形等。

19 人物匹配

- **游戏目的**：安排搭档
- **适应年龄**：7岁以上
- **游戏时长**：5~15分钟
- **游戏所需材料**：卡片纸或索引卡、贴纸或素描、海报板

准备工作

收集一些知名人士的头衔、物品或是他们参与的活动，与姓名相匹配，比如运动员与他们从事的体育项目、作者与他们所著写的书籍、歌手与他们演唱的曲目、演员与他们的影视剧作品，等等。

把人物的头衔或是照片贴在卡片上。

在海报板上列出一个主列表，在其旁边空出两个名字的空间。

为学生们设计一个简短的游戏，比如文字游戏、数字游戏、小测验或是速写等，把这个游戏贴在海报板上，并附上游戏规则说明。

你可以在学生们进入教室的时候给每个学生发一张卡片，或是把所有的卡片放进一个袋子里，当学生们进入教室的时候让他们随机抽取一张。

在游戏开始之前让学生们知道游戏快结束时你会提前通知大家。

给学生的指导

1. 你手里的卡片上是一个知名人士的照片或是与某位知名人士有关的某件物品或某项活动，比如某个足球运动员和足球。你的任务是把这个人和这件物品匹配起来。

2. 你会有______分钟的时间来寻找与你手中卡片人物或物品相匹配的同学。当你们完成任务后，请把你们的匹配结果给我确认一下，以保

证你们匹配的结果是正确的，然后你们可以把你们的名字写到主列表旁边的两条横线上。

3. 当你们已经记录下自己的名字后，分组成功。

后续工作

把你的主列表贴在学生可以很容易看到的地方，当你想让学生们小组完成任务时，可以给学生们30~60秒的时间让学生们找到自己的搭档，并为接下来的游戏做准备。

你还可以这样

对于年龄较大的学生，教师可以安排更高难度的题材来匹配，比如科学家与他们的既有发明或新发现，牛顿与重力、居里夫人与放射现象等组合都是不错的匹配项目。

20 连环画拼接

- **游戏目的**：安排搭档或分组
- **适应年龄**：6岁以上
- **游戏时长**：5~15分钟
- **游戏所需材料**：多张连环画页，若干胶带切断器，海报板

准备工作

把若干胶带切断器放在教室里学生方便取用之处，把学生们分成三至四人一组。如果班级人数不能被3或4整除，教师可以根据实际情况让某个组的人数稍多些。对于缺勤或是未来有可能转入学生的情况教师应做到心中有数。

准备足够多的连环画页，以方便学生们使用。在做准备工作时，教师应根据每组人数把每页连环画剪成3或4部分。

在海报板上做一个主列表，根据计划分组数划出相应数目的横线，用于填写每组学生的名字。

设计一个10~15分钟的游戏，比如做一张班级宣传海报、画一组有关小组成员的连环画等。教师可以把游戏规则投影到幕布上，或是给每个学生发一张印有游戏规则的纸。

学生们进入教室后，给每个人一张连环画的碎片，然后让大家坐到自己的位子上等待老师给大家说明游戏步骤。

给学生的指导

1. 当我说“游戏开始”后，你会有______分钟去寻找手中拿着的连环画碎片与你同处一页的同学，全部找齐后把这页的碎片贴在一起，这样这幅连环画才能体现出一个完整的意思。

2. 当你们完成后，请举手示意我，我会在名单上划掉你们的名字，然后你们可以把自己的名字工整地写在主列表上。

3. 在主列表上写完名字后，你们就可以组成小组去做新游戏了。

后续工作

把主列表贴在学生可以很容易看到的地方，当你想让学生们以小组完成任务时，可以给学生们30~60秒钟的时间让他们找到自己的搭档，并为接下来的游戏做准备。

你还可以这样

漫画的主题可以是某个具体科目的内容，比如历史或是科学。对于外语学习者或是低年级的学生，教师可以为他们准备一些没有文字的图画。教师也可以把图片一分为二，这个方法适用于把任意两个人分为一组。

21 挑选同样图案的搭档

- **游戏目的**：安排搭档
- **适应年龄**：6岁以上
- **游戏时长**：5~15分钟，具体时间根据班级学生数量和年龄而定
- **游戏所需材料**：木棍或塑料棍、水彩笔或马克笔、海报板

准备工作

把班级的学生数除以2，以确定你需要准备多少对木棍或是塑料棍。如果你班里的学生数不能被2整除，应该准备一组其中包含3根木棍或塑料棍。

用水彩笔或是马克笔在成对的木棍或塑料棍上描绘出特殊的图案，比如有的木棍或塑料棍是红色圆点图案，有的是蓝色条纹图案，有的是绿色圆点和蓝色条纹相间图案，有的是白色拼接黑色波浪纹图案等。但是请一定保证每一对的两根木棍或是塑料棍图案相同。

在海报板上画出每对木棍或是塑料棍上的图案，然后在图案的旁边或是下方划出两条横线供学生填写自己的名字。

把所有的木棍或是塑料棍放进一个盒子或是袋子里。给学生准备一个任务或是小游戏。如果学生年龄较大，可以直接把游戏规则贴在黑板上；如果学生年龄较小，你需要给学生们仔细讲解游戏规则。

给学生们展示木棍或是塑料棍样品，让学生们轮流从盒子或袋子里随机抽取一根木棍或是塑料棍，但是不要让学生们看到盒子或是袋子里的所有木棍或塑料棍。

给学生的指导

1. 当我说“游戏开始”后，你会有______分钟去寻找与你手中木棍

或塑料棍图案相同的同学。

2. 时间结束前我会提前通知大家。

3. 当各位同学找到了与自己对应的同学之后，把你们的木棍或塑料棍给老师确认。

4. 我会把你们的名字写到主列表上相应图案旁边的横线上。

后续工作

把你的主列表贴起来，作为以后的参考。当你想让学生们以小组完成任务时，可以给他们30~60秒钟的时间让他们找到自己的搭档，并为接下来的游戏做准备。这样的活动可以隔一段时间进行一次，使学生们能接触到更多的同学，还可以避免同学之间的个性冲突。

你还可以这样

教师还可以用这个游戏把学生们分成3人一组或是4人一组，只要同样图案的木棍或塑料棍有3根或4根即可。如果时间允许，你可以安排学生自己画木棍或塑料棍上的图案，供游戏之用。如果他们参与了游戏的准备工作，开始游戏时会有一种归属感。

22 猜谜分组

- **游戏目的**：安排搭档
- **适应年龄**：3岁以上
- **游戏时长**：5~15分钟，具体时间根据班级学生数量和年龄而定
- **游戏所需材料**：海报板或硬纸板、若干图片或照片、锋利的刀片

准备工作

把图片或照片贴在海报板上或是硬纸板上。

用刀片把图片或照片分成谜语的形式，然后再把每个谜语一分为二，为班级名单上的学生准备足够多的谜语。

为学生们设计一个简短的游戏，把这个游戏贴在海报板上，并附上游戏规则说明。

学生们进入教室后，给每个人一个谜语或是让他们从袋子里随机抽取一个谜语。在游戏开始之前，你应该为学生们展示出一个完整的谜语是什么样子。

给学生的指导

1. 当我宣布“游戏开始”后，你将有______分钟去寻找与你手中的谜语相匹配的同学。

2. 时间结束前我会提前通知大家。

3. 当你们完成后，请举手示意我，我会在名单上划掉你们的名字，然后你们可以把自己的名字工整地写在主列表上。

4. 在主列表上写完名字后，你们就可以组成小组去做新游戏了。你将有______分钟来完成游戏（如果你的学生年龄较小，你需要给学生们仔细讲解游戏规则）。

后续工作

把你的主列表贴在学生可以很容易看到的地方，当你想让学生以小组完成任务时，可以给学生们30~60秒钟的时间让他们找到自己的搭档，并为接下来的游戏做准备。

你还可以这样

对于年龄较小的学生，你可以把谜语剪成大片，而且可以设计成孩子们喜欢的颜色和图形。

教师可以安排学生自己设计谜语，给每个学生一条谜语然后请他们用漂亮的颜色装饰一下。

23 故事片段

- **游戏目的**：安排搭档或分组
- **适应年龄**：7岁以上
- **游戏时长**：5~15分钟
- **游戏所需材料**：印在厚纸板上的故事，胶带切断器，海报板

准备工作

找一些不同风格的小故事，然后根据名单为学生分组，具体分成几组可视情况而定。为了降低游戏的难度，你可以用不同颜色的纸张打印故事，且保证同一个故事打印在相同颜色的纸张上。对于低年级的学生，故事可以是图片形式。

为每一个故事设计一个独特的标题，然后根据分组情况把故事剪成几部分，每个学生拿一部分。

在海报板上设计一个主列表，在上面纵向列出每个故事的标题，同时在每个故事标题的旁边画出几条横线，供学生们写自己的名字，拥有同一故事片段的学生将成为一组。

在每个学生的桌子上放一个故事片段，或是当学生们走进教室的时候让学生们轮流从盒子或袋子里随机抽取一个片段。

如果你的学生年龄较小，要给学生们演示一次游戏过程。

给学生的指导

1. 当我宣布“游戏开始”后，你将有______分钟去寻找与你手中的故事片段属同一故事的同学。

2. 你找到了自己的故事搭档后，把你们手里的故事片段按照正确的顺序排列起来粘贴成一个完整的故事。

3. 当我确认你们的故事编排正确，内容完整后，我会把你们的名字工整地写在主列表故事标题旁的横线上。

后续工作

给学生5~10分钟的准备时间，然后让他们把故事大声读出来。同时，每组成员可以在自己组里轮流朗读他们的故事，也可以用绘画或插图的形式来描绘他们的故事。

把你的主列表贴在学生可以很容易看到的地方，当你想让学生们以小组完成任务时，可以给学生30~60秒的时间让学生们找到自己的搭档，并为接下来的游戏做准备。

你还可以这样

可以用你班上学生的名字来写故事，或者可以要求学生写下自己的故事，然后把故事剪成片段。

CHAPTER 3

第三章

运动增强班级凝聚力

Body & Brain: Kinesthetic Activities

动作式教学对活泼的学生更为适用，因为帮助他们把自己的能量用到了正确的地方，更为重要的是动作式教学适用于所有学生。

对大脑方面的研究已经证实，即便是非常柔和的运动对大脑也是非常有益的。手臂或腿部的交叉动作可以很明显改善脑部功能，这种简单的交叉运动被用于中风患者及交通事故受伤者的物理治疗，当然这种方法对于每一个人都很有好处。

著名的神经学专家艾里克·简森曾在自己的著作《以大脑为主体的学习》一书中写道："手臂和腿部的交叉动作对左右两侧脑半球都非常有益，因为人脑部的左半球控制身体的右半边，而右半球控制身体的左半边。"另外，科学家和研究人员也曾告诉我们，每20分钟休息一会儿最有利于大脑发挥其功能。

本章提供的游戏最适合在开学第一天使用，其中的一些也可以作为让大脑休息的小游戏。

24 抛沙包

- **游戏目的**：把运动和思考相结合
- **适应年龄**：6岁以上
- **游戏时长**：10~20分钟，具体时间根据班级学生数量和年龄而定
- **游戏所需材料**：小沙包

准备工作

在教室里腾出一块空地，然后让学生们围成一个圈。

教师在黑板上用大字写出适合学生年龄且与当堂科目有关的话题，比如太阳系，美式足球，电脑，汽车，数学等，或是从课本中选出一些话题并把它们打印出来。在游戏过程中，大家可以不时更换话题。

给学生的指导

1. 我们将要玩一个游戏，这个游戏可以增进我们对彼此的了解。游戏开始之后拿着沙包的同学把你手中的沙包抛给其他同学。第一次接到沙包的同学要说出你自己的名字，如果你是第二次接到沙包则要问同学们："我叫什么名字？"然后看一下有多少人记住了你的名字。

2. 接到沙包后，你需要做以下三件事情。

- 对把沙包抛给你的同学说谢谢，然后重复一下他的名字。
- 说出你自己的名字。
- 选择我们列出的某个话题，简单阐述一下这个话题，然后把沙包抛给另外一名同学。

3. 我先来做个示范，假如沙娃娜把沙包抛给了我，我选择数学这个话题，我接到沙包后说："谢谢沙娃娜，我是迈克尔老师，我选择的话题是数学，我知道三角形有三条边。"

后续工作

如果学生觉得对某一个话题无话可说了，大家可以转换话题继续游戏。教师要经常转换话题，这样可以保证学生们保持积极的参与热情。或者我们还可以这样做，让接到沙包的学生针对某个具体话题来向其他同学发问。

你还可以这样

如果学生的年龄很小，教师可以先把他们分成小组，然后让每一组形成一个小圈，但要保证每个小圈里有一名老师。此游戏可以多次进行。低年级的学生很喜欢沙包游戏，而游戏规则也可以适当做出调整，教师可以不要求学生阐述任何话题，而是让他们说出名字即可。

25 生日圈

- **游戏目的**：将运动和思考相结合
- **适应年龄**：6岁以上
- **游戏时长**：10~15分钟，具体时间根据班级学生数量和年龄而定
- **游戏所需材料**：索引卡（可选）

准备工作

在教室里腾出一个较大的空间，然后让学生们围成一个大圈。

学生们走进教室后，请大家放好个人物品，然后告诉大家你的生日圈起点在哪里。

活动开始之前，请大家保持安静。

给学生的指导

1. 你们的任务是看自己多长时间可以形成一个圈，每个人根据自己生日的先后顺序排列，从1月1日开始。

2. 如果你的生日是1月份，请站在起点的位置，然后同学间互相询问确认大家的生日先后顺序。

3. 当大家形成一个圈后，我们会四处走动，然后做自我介绍。到你介绍自己的时候，请说出你的名字，然后告诉我们你认为最好的生日礼物是什么。

后续工作

学生们排好队后，恭喜他们这么快形成一个圈，这是他们彼此配合的结果，然后可以模仿以下格式来介绍自己：我叫__________，我希望我过生日的时候得到的生日礼物是一只小狗。然后让生日圈中的第一个

学生这样介绍自己。

你还可以这样

如果学生们太小不知道自己的生日，你可以帮助他们把自己的名字印在索引卡上。你也可以让孩子们根据自己姓氏的字母顺序来形成一个圈。

如果你想给年龄较大的孩子一些挑战，可以让他们把自己的名字写在索引卡上，然后根据同学们的生日或是姓氏字母顺序的倒序排列，比如12月31日出生的学生或是姓氏中首字母为Z的学生站在起点上。

26 激发脑动力

- 游戏目的：将运动和思考相结合
- 适应年龄：3岁以上
- 游戏时长：5~15分钟，具体时间根据班级学生数量和年龄而定
- 游戏所需材料：无

准备工作

选择一个包含手脚交叉动作的小活动，在教室腾出一块空地来做运动。如果教室空间有限，你可以让学生们站在自己的桌子旁。这些含有手脚交叉动作的游戏都简单易学：抬起左腿，用右手拍打膝盖，然后抬起右腿，用左手拍打膝盖。重复该动作若干次，让学生们跟你一起做，建议每个动作做6次。

给学生的指导

1. 我们要做一些简单的动作来唤醒我们的大脑，让它处于更好的思考状态。首先，我会背对着大家做示范动作。如果你愿意跟我一起做，可以模仿我的动作；如果不愿意，你可以观察我的动作。

2. 现在我们一起运动起来，抬起左腿，用右手拍打膝盖，然后抬起右腿，用左手拍打膝盖。重复该动作6次。准备好了吗？右手，左膝，左手，右膝；右手，左膝，左手，右膝……

后续工作

教师可以引导学生在正式讲课前2~4分钟做这样简单的交叉运动，你也可以让学生志愿者来领操。花在这个游戏上的时间是值得的，因为这样的简单运动不仅可以消耗掉学生多余的能量，增加脑部的供氧量，还

可以改善手眼配合，增强左右脑半球的灵活性。

你还可以这样

你可以把2~3组这样的动作结合起来，或是在不同的科目中分别进行，你也可以每周变化运动内容。如果天气情况适宜且时间允许，这些小运动可以在户外进行。

27 找到你的文件袋

- **游戏目的**：将运动和思考相结合
- **适应年龄**：6岁以上
- **游戏时长**：10~15分钟，具体时间根据班级学生数量和年龄而定
- **游戏所需材料**：多彩文件夹或文件袋、马克笔

准备工作

把学生的名字写在文件袋的标签上，留出一些空白页，然后把各文件袋放在学生们的桌子上。把马克笔放在方便学生取用的地方。

学生进入教室后，让大家就座，他们会发现写有自己名字的文件袋。如果有意料之外的学生到来，你可以很快写出他们的名字制作出属于他们的文件袋。

学生们就座后，让大家注意听你说明游戏规则。

给学生的指导

1. 每节课开始时，我会给大家发放带有你们名字的文件袋，当堂课结束后我会把这些文件袋收回。如果我有作业或是课业任务安排给你们，也会放在文件袋里发给你们。如果你们在课堂上要做笔记，那么你们也可以把笔记内容放在文件袋里供考试前回顾。

2. 你们将有______分钟的时间把自己的文件袋个性化，我为大家准备了马克笔，你们可以用它或写或画，但请特别注意，保持文件袋干净整洁。

后续工作

通过收集和分发学生文件袋，老师可以确定自己是否已经准确记住

所有学生的名字。这个过程你也可以让志愿者来做，以加深同学之间彼此的认识。

你还可以这样

当学生们进入教室后，教师可以随机把文件袋发给学生。如果学生们发现他们手里拿到的文件袋并不是自己的，你可以告诉他们你要让大家做一个游戏，先走进教室的学生可以稍微等一下，简单浏览一下手里的文件袋。学生到齐后，你可以给他们5~10分钟时间让他们找到自己手中文件袋的真正主人。当所有的学生都拿到了写有自己名字的文件袋后，教师可以把大家手中的文件袋收集起来，打乱顺序然后重新发放给学生们，让他们寻找对应的同学，直到学生们彼此认识为止。

28 不要让气球掉下来

- **游戏目的**：将运动和思考相结合
- **适应年龄**：6岁以上
- **游戏时长**：10~15分钟，具体时间根据班级学生数量和年龄而定
- **游戏所需材料**：气球

准备工作

在教室腾出一块空地，空地的大小应足够学生们自由活动。如果室内的空间有限，让学生们去户外做这个游戏也可。

如果你的学生年龄较小，你可以提前把气球充好气；如果学生年龄较大，可以要求他们自己吹气球。

学生走进教室后，让他们就座，然后保存好自己的私人物品，一切准备就绪后把学生分成小组。如果学生之间彼此比较陌生，可以参考第一章中介绍过的方法让大家熟悉起来，再用第二章中介绍过的方法把学生们分成小组。

游戏开始之前，请同学们注意听你说明游戏规则。

给学生的指导

1. 当我说“游戏开始”后，你的任务是看一下你的气球在空中飘多久不落地。一定要注意不要用手去触碰气球，但是你可以用身体的其他部位把气球垫起。在游戏进行过程中你不可以踢到或撞到其他同学。

2. 你们有1分钟的练习时间，然后开始计时，确认你的气球在空中飘多久而不落地。

3. 游戏结束之前我会为大家倒计时。准备好了吗？预备，开始。

后续工作

让获得胜利的小组阐述一下他们让气球更久飘浮在空中的原因。如果学生们很喜欢这个游戏，可以让他们再玩一次或是以后有时间的时候再玩。

教师可以记录下哪个学生更擅长这个游戏，这说明他/她的手眼配合能力更强，他们在学习中的配合与反应能力也更强。这些因素会使他们成为动态学习者，即学习过程中动作的参与会使他们更容易掌握所学知识。

你还可以这样

这个游戏也可以不以竞技模式开展。学生们在做游戏的时候只要保证气球不落地即可，不用担心时间长短的问题。比如给所有学生2分钟时间玩这个游戏，在玩耍的过程中，同学们可以互换搭档。这个游戏可以多次进行，玩耍时，他们可以体会到与不同同学合作的乐趣。

29 你好，陌生人

- 游戏目的：将运动和思考相结合
- 适应年龄：6岁以上
- 游戏时长：10~20分钟，具体时间根据班级学生数量和年龄而定
- 游戏所需材料：无

准备工作

把“你好”这个词翻译成多种语言，比如英语、意大利语、法语、西班牙语、德语等，让学生从中选择一种语言。如果想让这个游戏更有挑战性，你可以让学生们选择一种不熟悉的语言。

在教室中腾出一块空地，大小应可以容纳学生们围成2个同心圆。

学生们走进教室后，把他们平均分成两组，给他们每组中的每个人一个数字，一个组给1，一个组给2。如果学生数不能被2整除，你可以参与到游戏中。

让学生们保存好自己的物品后游戏就可以开始了。数字为1的学生处于同心圆外圈，让他们面向圆心；数字为2的学生处于同心圆里圈，他们背对圆心。这样处于两个同心圆的学生都面对着对方。

给学生的指导

1. 当我宣布游戏开始后，你的任务是问候你对面的同学——对他说“你好”并告诉他你的名字，外圈的同学先开始介绍自己。因为你们都是比较聪明的学生，所以我们会增加一些难度，即我们用不同国家的语言说“你好”。

2. 在我们开始游戏之前，我会告诉你将要用到的不同国家语言中的“你好”，但是我不会告诉你这是哪个国家的语言。

3. 准备好了吗？第一个“你好”是Aloha，这是哪个国家的语言？

4. 你们都说出自己的名字后，里圈的同学向左移动一位，这样他们面对的就是外圈的另外一名同学。然后外圈的同学对里圈的同学说“你好”，然后说出自己的名字，再由里圈的同学说“Aloha”，再说出自己的名字，然后里圈的同学再向左移动一个位置。外圈的同学保持不动的状态。

后续工作

学生们完成一圈后，给他们1分钟的时间记住大家的名字，然后重新围成2个圈，用一种新的语言重复这个游戏。这个游戏还可以用于文化、语言、风俗习惯等的调研项目。

你还可以这样

在做这个游戏时，学生们也可以不围成圈，而是分成小组，然后分派给每个小组一种表示“你好”的语言。学生们见面后先握手，然后问候“你好”，再叫出对方的名字。小组成员介绍完自己的名字之后，教师再给他们一个表示“你好”的新词，让每个小组重新开始。

30 秀出你的动作

- **游戏目的**：将运动和思考相结合
- **适应年龄**：6岁以上
- **游戏时长**：10~15分钟，具体时间根据班级学生数量和年龄而定
- **游戏所需材料**：无

准备工作

在教室中腾出一块足够大的空地，然后让学生们围成一个圈。

给学生的指导

1. 我们要用这个游戏记住大家的名字，但是为了让这个游戏更有趣，请大家做一个属于你自己的动作，比如你可以吐舌头、皱鼻子、跺脚、拍手、挥舞手臂、勾手指、摇头等，但是有一点请同学们一定注意，那就是你的动作要独一无二，不可以与其他同学的动作重复。

2. 轮到你的时候，说出你的名字并做出你的动作。

3. 我来示范给大家看你们应该怎样做：我叫×××，我的动作是__________________________。

4. 我们还可以加大游戏难度，即在你说出自己的名字之前，你要说出你前面展示的同学的名字及他/她所做的动作。如果你忘了前一位同学的名字或做的动作，我们会帮助你。

5. 第一个开始的同学要说出老师的名字及我做的动作，然后告诉我们他/她的名字并展示自己的动作。大家准备好了吗？

后续工作

定期重复这个动作。花在这个游戏上的时间是值得的，因为这个游

戏不仅可以消耗掉学生多余的能量，增加脑部的供氧量，还可以改善手眼配合，增强左右脑半球的灵活性。

请注意：年龄较小的学生不能在一个游戏中记住所有同学的名字和动作。没关系，让他们只说出自己的名字并做出自己的动作即可。

你还可以这样

如果时间和天气允许，这个游戏可以在户外进行。

31 见面打招呼

- **游戏目的**：将运动和思考相结合
- **适应年龄**：6岁以上
- **游戏时长**：10~20分钟，具体时间根据班级学生数量和年龄而定
- **游戏所需材料**：无

准备工作

在教室中腾出一块足够大的空地，足以容纳学生们围成2个同心圆。

学生们走进教室后，把他们平均分成两组，给他们每组中的每个人一个数字，一个组给1，一个组给2。如果学生数不能被2整除，你可以参与到游戏之中。

让学生们放好自己的物品后游戏就可以开始了。数字为1的学生处于同心圆外圈，让他们面向圆心；数字为2的学生处于同心圆里圈，他们背对圆心。这样处于两个同心圆的学生就面对着对方。

游戏开始之前，请同学们注意听你陈述的游戏规则。

给学生的指导

1. 当我宣布游戏开始后，你的任务是用左手与你对面的同学击掌并对他/她说："你好，我叫__________。"

2. 你们都说出名字后，里圈的同学向左移动一位，这样他们面对的就是外圈的另外一名同学，再与他/她击掌然后介绍自己，外圈的同学保持不动的状态。

后续工作

学生们完成一圈后，给他们1分钟的时间记住大家的名字，然后重新围成2个圈，用新的动作重复这个游戏，比如握手。这个游戏还可以增加些难度，教师可以让学生们拍两次手，然后在他们说出自己的名字之前与对面的同学拍一下手，或是学生拍两次手后原地旋转一圈，然后再与对面的同学拍一下手。教师也可以征求学生们的建议，看看他们有哪些好方法。

你还可以这样

这个游戏有很多种玩法，比如，学生们可以面对面站成两排，然后按照以上规则进行；也可以只站成一排，然后从第一个人开始问候第二个人，再由第二个人问候第三个人，以此类推，最后一个人再回过来问候第一个人。

32 投球识人

- 游戏目的：将运动和思考相结合
- 适应年龄：6岁以上
- 游戏时长：10~20分钟，具体时间根据班级学生数量和年龄而定
- 游戏所需材料：小软球

准备工作

在教室中腾出一块空地，足以容纳学生们围成一个圈。

学生走进教室后，让他们放好自己的私人物品，然后围成一个圈。

给学生的指导

1. 我们要用投球游戏来认识大家。

2. 当你接到球后，向抛给你球的人表示感谢，然后重复这个同学的名字并说出你自己的名字，再把球抛给其他同学，尽量把球抛给还没有接到过球的同学。

3. 当你第一次接到球时，你要说出你的名字。如果你第二次或多次接到球，就不要再说出自己的名字了，而是向抛给你球的人表示感谢并向大家提问："我叫什么名字？"这样我们可以知道有谁记住了你的名字。

4. 我先给大家作个示范。我们假设汉斯刚刚把球抛给我，我应该说："谢谢你，汉斯，我叫×××。"然后我再把球抛给还没接到过球的同学。如果我是第二次接到球了，我应该说："谢谢你，汉斯。请问大家，我叫什么名字？"

后续工作

每个人都接过球后，重复这个游戏，但这次不需要同学们说出自己的名字，只向抛给你球的人表示感谢，并说出这个同学的名字，然后再把球抛出去，接到球的人会向你表示感谢并说出你的名字。如果接到球的人不记得抛球人的名字，可以向其他同学求助。

你还可以这样

对于年龄较小的学生，教师可以安排学生们围成几个小圈，然后每个小圈里应该有一名成年人帮助协调游戏。如果时间允许，可以让学生们多玩几次，这样他们就有机会认识不同的学生。学生们也可以不必说谢谢，而是在接到球后说出自己的名字再把球传出去。

对于年龄较大的学生，我们可以提高游戏难度，即为自己编一个有趣的昵称。例如，超人舍尔、米老鼠迈克、百米飞人理查德等。相信这些游戏会给你带来一些灵感，加油吧！

33 姓名标签搜索

- 游戏目的：将运动和思考相结合
- 适应年龄：6岁以上
- 游戏时长：10~15分钟，具体时间根据班级学生数量和年龄而定
- 游戏所需材料：每个学生的姓名标签

准备工作

根据你手上的名单给每个学生做一个姓名标签，你可以在制作过程中加入一些创意，比如在标签上贴上贴纸或是加一些设计；另外，还应该额外准备几个空白标签以备不时之需。

把姓名标签藏到教室里，但是千万要做个记录，写下每个姓名标签藏匿的位置，免得自己也忘了。如果学生年龄较小，你可以把姓名标签藏在明显的地点；如果学生年龄较大，就把姓名标签藏到难找的地点。

学生们就座之后，请同学们注意听游戏规则。

给学生的指导

1. 我已经为在座的每一个同学制作了一个姓名标签，但是我今天早上有点粗心，现在找不到它们了，不过我确定它们就在教室的某个角落。

2. 当我宣布游戏开始后，你将有______分钟的时间找到你的姓名标签。如果碰巧找到了别人的姓名标签，请找到这名同学然后把姓名标签交给他们，再让对方帮助寻找你的姓名标签。

3. 当你找到自己的姓名标签后，可以去帮其他同学找他们的姓名标签。

后续工作

把姓名标签贴在学生们的椅子腿上、课桌底下或是学生座位的周围。对于年龄较小的学生，不必对他们做过多讲解，用手势为他们说明游戏规则即可。

把所有学生的姓名标签收集起来，然后让志愿者把姓名标签发给相应的同学。如果志愿者做得很好，请同学们为他/她鼓掌。

你还可以这样

当学生们走进教室后，随机给每个学生一个姓名标签。如果有人质疑说“这不是我的名字”，你可以微笑着对他/她说：“嗯，我知道的，你先拿着这个姓名标签。”每个人就座后，给他们5~10分钟的时间确定他们手里拿的姓名标签对应哪位同学。当所有的标签都对应到相应的同学后，教师可以把所有的姓名标签收集起来，混在一起后再玩一遍。如果有必要，这个游戏可以反复进行，直到所有学生记住了彼此的名字。

34 我们可以跳舞吗

- **游戏目的**：将运动和思考相结合
- **适应年龄**：3岁以上
- **游戏时长**：10~20分钟，具体时间根据班级学生数量和年龄而定
- **游戏所需材料**：音乐、DVD、家用录像系统、网络舞蹈指导（可选）

准备工作

找一首恰恰节奏的歌曲，然后学一些简单的恰恰舞步（可参照网上的视频），练习大声数节拍，这样便于你教学生们恰恰舞步。

为学生腾出一块足够大的空地，以免互相碰撞。如果教室里的空间太小，你可以选择在走廊里或是体育场的一个角落，还可以选择去户外。

学生们进入教室后，让他们放好自己的物品，然后面对你站成3排。

给学生的指导

1. 今天我们要一起学《Hello，恰恰》，我会背对着你们做示范动作，如果你们愿意，可以跟我一起跳，你也可以只是看我演示（先在没有音乐伴奏的情况下大声数节拍：向左，一二恰恰恰；三四恰恰恰。先来右脚动作，把右脚放在左脚前方，然后再把右脚撤回到原处，然后左右左；再来左脚动作，把左脚放在右脚前方，然后再把左脚撤回到原处，然后右左右）。

2. 现在我们一起来做4次这个连续动作，准备好了吗？一二恰恰恰；三四恰恰恰（第一个连续动作没有音乐配合，但是后面的3次会配合上音乐）。

3. 好了，现在我们的游戏就要开始了。现在你有10秒钟的时间对你左右的同学说出你的名字。然后我们会有5秒钟的时间打乱所有学生的

顺序，这样我们身边的同学就换成了不同的人，然后再跳起刚才的舞步。准备好了吗？开始！

后续工作

每次班会之前给大家预留出2~3分钟的时间跳恰恰，你可以让学生志愿者来领舞。跳舞可以消耗掉学生多余的能量，增加脑部的供氧量，还可以改善手眼配合，增强左右脑半球的灵活性。

你还可以这样

在网上搜一些舞蹈指导，或用DVD、家用录像系统来展示简单的舞步，然后放视频的慢动作让学生们学会舞步。

特别注意：如果舞蹈不适合你的文化背景或社会环境，你可以考虑教学生们深呼吸的瑜伽练习，它可以使学生心绪平静、精力集中。

35 符号搜索

- **游戏目的**：将运动和思考相结合
- **适应年龄**：6岁以上
- **游戏时长**：5~15分钟，具体时间根据班级学生数量和年龄而定
- **游戏所需材料**：每个学生的名字符号卡片

准备工作

这个游戏更适合非英语国家的课堂使用。

用曲线、圆点、圆圈、花朵及其他设计元素来为每个学生做一个独特的学生名字符号卡片。对于年龄较小的学生，你可以在卡片上多一些大图案和艳丽的颜色设计，这可以帮助他们识别自己的名字符号卡片；另外，还应该额外准备几个空白的标签以备不时之需。每个名字符号卡片准备两份，作配对之用。

把一份姓名卡片贴在学生椅子的后背或是桌面上；另外一份堆在一起，等学生们走进教室的时候每人发一张名字符号卡片。

教师可以在教室门口欢迎学生，然后给每个学生一张名字符号卡片，让他们根据手中的卡片符号与桌子上或是椅子上的符号相匹配，你还可以不用言语表述游戏规则而是用身体语言来展示给大家。

给学生的指导

如果教师在教室门口欢迎学生们并给每个学生一张名字符号卡片，那就不需要任何指导了，有必要的话你可以把以上准备工作中的信息说给学生们，也可以告诉学生时间限制是多长时间。

后续工作

学生们就座后，请其注意老师所陈述的游戏规则并告诉学生们游戏结束前会提前提醒他们。

你还可以这样

为了加大游戏难度，教师可以把学生的名字符号卡片贴在桌子下面或是椅子下面，或者也可以把它们夹在课本里，学生们根据自己手中的名字符号卡片匹配相同设计的符号卡片来找到他们的课桌或课本。

如果你想让学生四人一组，可以事先制作4张图案相同的卡片。当学生们走进教室后，把两张卡片发给两个不同的学生然后再进行匹配游戏。

36 慢，快，慢

- **游戏目的**：将运动和思考相结合
- **适应年龄**：6岁以上
- **游戏时长**：10~20分钟，具体时间根据班级学生数量和年龄而定
- **游戏所需材料**：无特殊要求，亦可用节奏变换的音乐

准备工作

设计一小段动作，比如拍膝盖、拍胳膊、原地踏步、拍手、举手臂，轻功和太极的动作也合适。

以下是示范动作：稍微弯曲膝盖并慢慢用手轻拍膝盖，然后身体站直拍手一次，抬高右手再拍手一次，抬起左手拍一次，再把双臂放于体侧，然后拍手一次。

反复练习这个动作，直到你已经熟练掌握这套动作。如果能放一些节奏对应的音乐，可以加一些音乐进来。

在教室中腾出一个区域，或是用教室的走廊、体育场的某个角落皆可。如果你的动作不需要太大的空间，可以简单地让学生们起立后站在自己的桌子旁。

给学生的指导

1. 我们要用一个简单的游戏把我们的大脑叫醒，这个游戏叫作“慢，快，慢”。我们会用正常的速度做一系列动作，然后放慢速度，接下来慢慢加速，最后再慢慢放慢速度。

2. 首先，我会为大家做示范动作，你可以跟着我学，也可以只是看我做动作。不要担心自己会犯错，让自己的身体享受运动的过程。

3. 现在，我们打算以正常速度做3遍，这样你就可以学会这一段动作，

然后我们再逐渐放慢速度直到慢得不能再慢为止。

后续工作

每次的速度都要放慢一些，直到不能再慢为止，然后每次再加快速度，让学生们在这样的节奏变化过程中享受动作给身心带来的愉悦，最后要把这套动作的速度带回到正常速度。

你还可以这样

学生们可以每天做这个游戏，你也可以每天教授不同的动作，还可以让学生自己设计动作。为了增加游戏的难度，可以在动作中增加一些跳跃动作。

37 表演你的动词

- **游戏目的**：让学生们互相熟悉
- **适应年龄**：6岁以上
- **游戏时长**：10~20分钟，具体时间根据班级学生数量和年龄而定
- **游戏所需材料**：无

准备工作

在教室中腾出一块可以容纳学生们围成一个圈或是排成两排的空地。如果是站成两排的话，两排的人要面对面站立。在黑板上或是幻灯片中提供一系列动词。例如，扭动、拍手、挥手、跺脚、蹦跳、颤动、跳跃、打鼾、喘气、呼气、伸腰等。

当学生们走进教室后，让他们保存好自己的物品，然后到空地上围成一个圈或是面对面站成两排。在游戏开始之前，给学生们展示一下你的动词表，然后问学生是否可以再给出一些动词。当你确认每个学生都知道什么是动词后，游戏就可以开始了。

给学生的指导

1. 我们会轮流介绍自己，然后为大家示范一个动词。

2. 轮到你介绍自己的时候，说出你的名字和动词，然后把动作表演出来。在你介绍自己之前，要说出在你前面做过自我介绍的同学的名字并表演出他们表演过的动词。

3. 如果你忘记了前面做过自我介绍的同学的名字，我们会帮助你。

后续工作

游戏的第二天或是接下来的某一天，你可以看一下有多少学生能记

住班级里所有同学的名字。这个游戏可以经常开展，而且形式也可以不断变化，比如你可以不让学生展示动作，而是展示肢体语言或是情感类动词，如恐惧、生气、幸福、希望、爱、惊奇或担心。

你还可以这样

你可以不让学生说出动作的名字，而是让他们做出该动作，然后让班上的其他学生猜他们示范的动作。

CHAPTER 4

第四章

如何建立课堂秩序

How We Do Things: Routines & Rules

每一位教师都有他们自己的教学方式，但教师们都会有一些共同的要求。

我们需要让课堂保持严肃安静，我们会交流对学生的期许，我们会分发和收集教学资料，我们会交流深化理解的方法，我们会探讨课程忽然被打断后的处理办法，等等。下面介绍的方法和规则能够帮助教师节省时间，降低教师和学生的挫败感，同时还会营造一个更高效、更有趣的班级氛围。

可以减少行为问题发生的方法

有效的班级管理工具不胜枚举，“现在就做”和“敲钟人”就是其中的两个。弗雷德·琼斯是一位班主任，他提到了“铃声工作”这个概念，即每天学生进入教室后给他们提供一个具体的任务或安排。这个方法能够让学生们顺利地从教室以外的社会生活中转换到教室里的学习上来，这样，学生们就可以快速养成进入教室就开始学习的好习惯。

你可以每次教你的学生一到两个关于课堂规范和标准的游戏，并让他们不断地练习，直到他们不需要你的指导就能遵守课堂纪律。这不仅帮助教师节约了课堂上组织纪律的时间，还能帮学生培养责任感和自我约束能力。

38 课堂朗诵

- **游戏目的**：建立课堂秩序，让学生们遵守纪律
- **适应年龄**：6~16岁
- **游戏时长**：5~10分钟，具体时间根据班级学生数量和年龄而定
- **游戏所需材料**：海报板、索引卡、铅笔（可选）

准备工作

课堂朗诵是学生们学习的动力之一，如果你认为学生们不喜欢它你就错了，想想看是不是大家都喜欢反复吟诵自己钟爱的诗句、唱自己钟爱的歌曲。

如何选择一个适合学生年龄和性格特点的诵读内容？对于低年级的学生，你可以带着学生读以下内容：学校里最酷的班级是哪个？是我们班。谁是最优秀的学生？是我们。对于高年级的学生，你可以带着学生诵读一些名言警句。

你可以把给学生们准备的诵读材料打印出来，让学生们人手一份，也可以把诵读材料写在索引卡上，还可以把诵读材料制成幻灯片或是直接写在黑板上。为课堂制作一张海报，可以由学生自己设计。如果你教多个班级的学生，就需要多准备几份诵读材料和海报。

给学生的指导

1. 我为全班同学准备了一份独特的诵读材料，我们会每天诵读，相信过不了多久大家就会把它背下来了。

2. 大家彼此更多了解后，我们会有机会自己准备诵读材料。

3. 我先读，然后大家齐声朗读。

后续工作

让学生们诵读一段时间，如果学生非常喜欢，尝试让学生们把诵读素材背下来，尽量保证每次班会上能练习一次。对于年龄较小的学生，你可以增加一些动作，小孩子们喜欢动作。

你还可以这样

在带领学生诵读素材之前，教师可以让学生们讨论他们将要诵读的内容。教师也可以把文字诵读变成歌唱，还可以让学生们两人一组或是多人一组来朗诵选定的内容或歌曲。教师也可以让学生们把以后希望出现在课堂上的诵读内容写出来，然后收集到一起并从中选出一个合适的诵读内容供下个月使用。

39 回应

- **游戏目的**：建立课堂秩序，让学生们遵守纪律
- **适应年龄**：3岁以上
- **游戏时长**：5~10分钟，具体时间根据班级学生数量和年龄而定
- **游戏所需材料**：无

准备工作

为学生们准备一个回应草稿。这个点子是从音乐中找到的灵感。在一个乐队中由一个演奏家先做指令，其他演奏家回应，而教育工作者正是借鉴了这种方式作为教育方法，实践证明这是一个有效的教学方法。教室中的回应游戏有以下两个基本用途：1. 它可以吸引学生们的注意力，让学生们保持安静；2. 它可以激发学生们的学习热情。

在黑板上写下一些内容，你也可以用投影仪把这些内容投影在幕布上。以下是两个例子：

例1：

教师：一、二　　　学生：你的眼睛

教师：三、四　　　学生：不再说话

例2：

教师：耳朵　　　学生：用来听

教师：眼睛　　　学生：用来看

教师：心灵　　　学生：用来感受

教师：大脑　　　学生：用来支配全身

给学生的指导

1. 我们都听过“回应”这个游戏，比如老师说“准备好了吗？预备……”，然后同学们会说：“开始。”你们能想到更多这样的例子吗？

2. 今天我们要学习一些“回应”的规则。我们用前一句来帮助大家保持肃静并把注意力集中到学习上来；后一句会使我们振奋精神。

3. 好了，准备开始了。

后续工作

练习每一个“回应”游戏，直到每个人都了解这个游戏。之后，你可以让学生自己写一个“回应”游戏稿。如果他们写了很多“回应”游戏稿，你可以把这些游戏稿放到帽子里，然后每个月从中取一个，而且在规定的时间内不要频繁更换学生的“回应”游戏稿，否则学生会把以前练习过的内容忘记。

40 疯狂测试

- **游戏目的**：建立课堂秩序，让学生们遵守纪律
- **适应年龄**：5~18岁
- **游戏时长**：10~20分钟，具体时间根据班级学生数量和年龄而定
- **游戏所需材料**：LCD投影仪和幕布、互动白板

准备工作

制作一份关于课堂礼仪和日常生活中行事程序的试卷，题型可以设置为多项选择题，考查内容例如去卫生间，上课迟到，缺勤，没有上交作业等。如果你与学生讨论某个具体的规范或步骤，应该把问题问得具体点儿。这个游戏是培养师生关系的一个有趣的方法。

1. 如果你迟到了，你会__________________。

A. 与老师击掌并与好朋友打招呼。

B. 用书遮住脸然后偷偷走到自己的座位上。

C. 向老师点头示意然后悄悄坐到自己的位置上。

2. 我们应该怎样处理作业呢？

A. 把它交给老师。

B. 把它叠成纸飞机，然后把它飞给老师。

C. 用画笔将它装饰一下，让它特别一些。

D. 把它揣在自己的兜里，让它布满褶皱。

3. 考试时我应该怎样做呢？

A. 抄袭旁边人的试卷。

B. 不断跺脚。

C. 用铅笔敲桌面。

D. 低声吹口哨。

E. 边抓头边抱怨。

F. 静静地全心答卷。

如果你的学生年龄较小，你应该把试题设置得简单些，即便看起来像是傻瓜问题也没关系，比如：

你把蜡笔放在哪里？

A. 在鞋子里。

B. 文具盒里。

给学生的指导

1. 我们要做一个小测试，测试的内容是关于课堂规则和步骤，但是这并不同于往常的测试，所以不必用平时的测试思路来答题。

2. 现在我给大家看第一个问题。（展示第一个问题。）谁愿意读出这个问题并给出答案呢？（选愿意的学生来读题并答题。）

后续工作

你可以让学生们自己设计看似疯狂的问题用于后续测试。

你还可以这样

如果教室里没有幻灯机，你可以把测试题打印出来发给学生。学生答题之前你要给出答题时限。

41 扫除时间

- **游戏目的**：建立课堂秩序，让学生们遵守纪律
- **适应年龄**：5~18岁
- **游戏时长**：5~10分钟，具体时间根据班级学生数量和年龄而定
- **游戏所需材料**：录音设备、容易识别的音乐片段

准备工作

选择一首有特点且容易识别的歌曲，截取其中30秒~2分钟长度的片段。你要保证音乐够长，使学生们可以在这段时间内完成扫除任务，但也不宜太长，这样才能使学生有紧迫感。

我认识的一位老师选用贝多芬的第五交响曲的开头部分。

在你们的第一次班会上，给学生们安排一个小任务，其中应涉及美术材料、参考书、字典及其他教学用品。当你们要开始下一个游戏前，播放音乐。

给学生的指导

1. 当你听到这段音乐的时候（此处播放音乐），这意味着你有______秒（分钟）的时间来让自己停下手中的工作，打扫自己的学习区域，并把正在使用的材料物品收拾起来。

2. 让我们尝试一下，我想再播放一遍，看你们是否可以在音乐停止之前把所有的事情收拾妥当并坐到椅子上。

后续工作

如果学生们在音乐结束之前完成了，请为他们鼓掌；如果没有完成，感谢他们尽力尝试过，他们以后还有机会。在这一年的学习中，当你想

让学生们打扫卫生时，均可以使用这个方法。教师不要因为想让音乐富于变化而经常更换音乐，如果想保持一个稳定的纪律要求请一定要记住这一点。

你还可以这样

学生们进入教室后你给学生们交代任务，根据不同的课堂活动选用不同的音乐：如果你们立即开始游戏，5~10分钟即可完成；若你们仍需要准备一些音乐上的内容，则该游戏需要10~15分钟的时间。音乐停止后，学生们就可以停下他们手头上的事情为接下来的活动做准备。

42 三个行为

- **游戏目的**：建立课堂秩序，让学生们遵守纪律
- **适应年龄**：5~11岁
- **游戏时长**：5~10分钟，具体时间根据班级学生数量和年龄而定
- **游戏所需材料**：海报板，黑色马克笔，适合学生年龄段的插图

准备工作

选出你想在课堂上强调的三个行为，这三个行为越具体越好，比如直视说话人、认真听课，或是不要走神。

制作一个图表用大字列出你的三个行为，然后把该列表贴出来，让坐在教室最后排的学生也可以很容易看到该列表，列表中的三件事情应用数字排序罗列出来。用绘画或符号来描述每个元素，比如大眼睛、大耳朵，或是聚精会神的动物。

给学生的指导

1. 我想与大家讨论一些重要的事情，共有三件事，这三件事会提升我的教学质量，也会有利于大家的学习。

2. 第一项是____________，它很重要，因为____________。

3. 第二项是____________，它很重要，因为____________。

4. 第三项是____________，我们应该这么做，因为____________。

5. 谢谢大家这么细心地听我的指导。游戏进行时，如果我需要提醒你这三件事中的一件，我会仅仅说出数字，这样就不会浪费时间。

后续工作

你应该给列表中的每一项以充足的解释，因为再小的学生都希望自

己所参与的内容有一定的逻辑依据。

列表形成之后游戏就可以开始了，教师可以按照数字的排列顺序依次进行。如果你在讲游戏规则时有的学生并没有认真听讲而是在与同学交头接耳，你可以让该学生替你读出第三个行为，然后你继续读游戏规则。一般情况下，突然让学生读某一项内容并不会让他们觉得难堪，这种方式会让学生们觉得这是教师对他们的指导，而不是惩戒，但却能很好地起到惩戒作用。

❤ 你还可以这样

你可以在列表中额外加上1~2个元素，这个量就可以了，不要加太多，5个以上会使重点不那么突出。如果学生年龄较大，也可以用这个游戏作为设定课堂规范的载体。

43 音量尺

- **游戏目的**：建立课堂秩序，让学生们遵守纪律
- **适应年龄**：5~18岁
- **游戏时长**：10~30分钟，具体时间根据班级学生数量和年龄而定
- **游戏所需材料**：音量尺

准备工作

为学生们制作一个适合他们年龄的音量尺，你可以依照汽车车速表的模样设计而成。音量尺上可以设计出交通灯上的红、黄、绿三个颜色，表盘上再加上可调节的、带有箭头的指针。

以下指导可根据你制作的音量尺的具体式样而有所改动，比如低年级的学生对以下三个简单的范围更感兴趣：1. 不说话，2. 悄悄话，3. 室内正常说话时的音量。

给学生的指导

1. 为了有个更好的学习环境，我们应该了解我们的音量大小，所以我们可以用这个音量尺来衡量一下（给学生们展示音量尺）。

2. 我们的音量尺有四个水平：

第一栏：安静的时刻。该栏的意思是：请不要说话。

第二栏：悄悄话。该栏的意思是：你在说悄悄话，当你们独立学习时用到这一栏。

第三栏：轻声细语。该栏需要你与同桌或是小组中的某个组员一起来实现。

第四栏：室内正常说话时的音量。该栏音量适用于全班同学一起讨论或是同学们上课回答问题时。

后续工作

在搜索引擎中搜索“音量尺”，你会发现很多音量尺的图片，这些图片多是教师们贴上去的，网站上还有很多音量尺的使用方法。有证据显示，音量尺是个有效的教学工具，它对所有年龄段的学生都适用。

你还可以这样

指定某个学生作为班级音量监测员，由其来提醒学生们当前的音量状况。教师可以安排班上的学生轮流作音量监测员，这可以避免音量监测只掌握在一个人手里，此外，这也可以让所有学生们担当起管理班级的责任，使整个班级秩序井然。

44 我的班级

- **游戏目的**：建立课堂秩序，让学生们遵守纪律
- **适应年龄**：7岁以上
- **游戏时长**：10~30分钟，具体时间根据班级学生数量和年龄而定
- **游戏所需材料**：为学生准备的模板，铅笔或钢笔

准备工作

制作一个模板，模板上标出两栏，第一栏中写上“我喜欢在班上做的事情”，第二栏中写上“我希望同学们在班上做的事情”。

当学生们走进教室后，你可以让学生们自己选择座位或是按照事先安排好的位置就坐。

务必在下发模板之前给学生讲解游戏规则，因为一旦过早给学生们下发了模板，他们就不会集中精神听教师给出的指导。

给学生的指导

1. 稍后我会给大家发放我为全班同学制作的模板，在模板上列出了两栏（举起一份模板的样例）。

2. 在第一栏我希望大家写出你愿意在班上做的事情。例如，调查研究、默读，或是建造模型等一切你喜欢的内容。

3. 在第二栏我希望大家写出你希望同学们在班上表现出的行为，你希望他们怎么做才能使班级环境更适合学习呢？

4. 我们有______分钟来填写模板，然后我们会一起讨论来确定我们在班上应该做哪些事情。

后续工作

大家一起制作一份全班同学都应遵守的行为准则或一系列的课堂规则，促进课堂和谐、提高教学质量。有些教师还把这些内容制作成海报的形式。教师可以就学生提到的内容与学生们一起讨论形成最终文本，由全班学生签上自己的名字。

如果你的班级比较棘手，你可以忽略那些没来参与签名的学生。如果他们没有违反课堂纪律，可以忽略他们；如果他们扰乱了课堂纪律，你应该警告他们你的班级不能容忍如此不遵守课堂纪律的人，如果情节恶劣，你可以让这些学生暂时离开教室以保证游戏的继续进行。

你还可以这样

你也可以让学生们走到黑板前写出他们的想法，然后分别讨论每栏中的内容，或者让学生们制作一张海报列出他们的行为准则和课堂规则。

45 纪律游戏

- **游戏目的**：建立课堂秩序，让学生们遵守纪律
- **适应年龄**：6~16岁
- **游戏时长**：10~30分钟，具体时间根据班级学生数量和年龄而定
- **游戏所需材料**：格子游戏卡、马克笔、别针、小奖品

准备工作

在每张卡片上画出9~25个纵横相等的方格，在每个方格中写出一个课堂规则。例如，“遵守纪律”“上课不玩手机”“在教室里不大声喧哗”等。如果学生们比较喜欢幽默，可以在格子中加上1~2个“傻瓜规则”，比如“禁止带长颈鹿进入教室”。另外在每张纸上写一则教室规则，然后把所有的规则放在一个盒子里，如果没有盒子也可以用袋子或罐子代替。你可以多准备一些纸张，使每则教室规则多次出现在卡片上。

如果不想循环使用格子游戏卡，可以给学生们发放马克笔然后让学生们用马克笔在卡片上书写；如果想循环使用格子游戏卡，可以给学生们发放铅笔和橡皮。

为学生们买一些小奖品，比如贴纸、铅笔、卷笔刀或气球等，也可以为学生准备一些自己制作的小礼物等作为奖品。你可以为先获胜的学生准备丰厚的奖品。

当学生们走进教室后，让学生们自己选择座位或是按照事先安排好的位置就座。

在下发卡片之前给学生讲解游戏规则，因为一旦过早给学生们下发了卡片，学生们就不会集中精力听教师给出的指导。

给学生的指导

1. 稍后我会给大家发放我为全班同学制作的卡片，卡片上列出了一些课堂规则（举起一份样例），我还会给大家每人一支马克笔（或一些别针）。

2. 然后我会请同学们轮流从袋子或是罐子中抽取一张纸，如果你的卡片上已经印有你所抽取的纸上的规则，你可以在该规则上划一个叉。

3. 如果你的卡片上已经都划完了，我会给你发一份小奖品。

4. 我们马上开始，现在就为大家下发卡片和马克笔。

后续工作

在开学的前几周，教师可以重复这个游戏，这是强化课堂纪律的有趣方式。

你还可以这样

为了使这个游戏更有挑战性，你可以让学生们在卡片上的格子中划圈、十字。

46 混乱的座位

- **游戏目的**：建立课堂秩序，让学生们遵守纪律
- **适应年龄**：5~18岁
- **游戏时长**：10~30分钟，具体时间根据班级学生数量和年龄而定
- **游戏所需材料**：音乐片段、海报和照片、奖品（可选）

准备工作

录制15秒、30秒、60秒的音乐片段，选取的音乐要容易被大家识别。在教室中张贴若干张生动有趣的、对思维有所启发的海报或图片。

给学生的指导

1. 我希望我们的教室有一个友好、舒适的学习氛围，当然我也不希望对大家声色俱厉，我认为大家也不希望有一个凶巴巴的老师。好了，不浪费时间了，我希望我们的努力可以让我们的课堂令人愉快。

2. 当需要独立学习的时候，我会让大家快速坐到自己的座位上，这时我会播放音乐（播放一段你为学生准备的音乐片段）。

3. 音乐就是我们的就座标志，当你听到这段音乐后，你将有______分钟的时间坐到你的座位上，坐好后请不要讲话，准备认真听讲。

4. 因为每个人现在就坐在自己的座位上，我们无须练习，所以我会让大家起立去观看贴在教室墙上的海报和照片，大家可以根据自己的意愿随意讨论。你也可以选择其他方式在教室中走动。

给学生5~6分钟的时间参观教室中的艺术品，然后让学生听音乐片段。即使学生们没有在游戏结束之前回到自己的座位上，你也应该给学生们鼓励。对于在规定时间内回到自己座位上的学生，教师应该给一些小礼品作为奖励，比如贴纸、铅笔等。如果所有的学生都没能在音乐结

束之前回到自己的座位，你们可以再玩一遍。

后续工作

教师可以经常在教室中做这个游戏，让学生们把听到音乐就迅速回到自己的座位变成一种习惯。几周之后，教师可以增加此游戏的难度，即选取更短的音乐片段作为标志。

47 我们要读书

- **游戏目的**：建立课堂秩序，让学生们遵守纪律
- **适应年龄**：4~8岁
- **游戏时长**：5~10分钟，具体时间根据班级学生数量和年龄而定
- **游戏所需材料**：阅读毯、地垫

准备工作

在教室中腾出一块适合阅读的区域，该区域最好有自然光照射进来，这对眼睛比较有益。然后在阅读区域摆放地垫或者带有字母或方形图案的阅读垫。在安排学生座位时，教师可以要求学生不时地轮换座位，这样每个学生都有坐在教师身边的机会。

制作一个阅读吉祥物或是为学生们展示一个阅读吉祥物的海报（这里，我们拿卢弗斯这只喜欢阅读的小兔子为例）。

可选：在阅读区域摆放一棵棕榈树，装饰用的假棕榈树亦可，让每个学生把自己的名字写在树叶形状的纸上，然后再用胶水等把纸树叶固定在树枝上。

给学生的指导

1. 稍后我们会到教室的阅读区去读故事，但在这之前，我们要先学一首《阅读歌》，它是这样唱的：

我们要去阅读，是的，我们要去阅读，阅读可以使我们足不出户便能走遍世界，在这间教室里，我们可以去美国，我们可以去埃及，卢弗斯喜欢阅读，我们跟它是一样的。

2. 现在，我们在座位上练习这首歌两次，然后全体起立，大家一边唱歌一边走到阅读区去。

教师一定要带领学生熟练地唱完这首歌，然后再带学生们去阅读区读故事。

后续工作

可以让学生们把《阅读歌》的歌词写在纸上。也可以让他们画一张阅读区的地图或与阅读有关的图画。

你还可以这样

把所有学生的名字放在一个袋子里，然后从中抽取一个名字，让这个人作为阅读班长并由其引领同学们去阅读区；活动结束后，教师还可以从袋子里抽取另一个名字作为引领学生返回自己座位的阅读班长。

48 你我的契约

- **游戏目的**：建立课堂秩序，让学生们遵守纪律
- **适应年龄**：7~17岁
- **游戏时长**：10~30分钟，具体时间根据班级学生数量和年龄而定
- **游戏所需材料**：为学生准备的模板、钢笔或铅笔

准备工作

把一页纸分成两等份，一半写上“我”，另外一半写上“你”，然后在每半张纸上画5~10个空格。

为学生们准备一份有一定难度的文字材料，保证全班学生人手一份并放在你自己的讲台上。

学生进入教室后，给每个学生一个模板，然后让他们回到自己的座位上。

教师自我介绍后开始讲解游戏规则。

给学生的指导

1. 请同学们在写着“你”的那半页纸上列出5~10件你想要我帮你做的事情或是你想要什么样的课堂环境。

2. 请同学们在写着“我”的那半页纸上列出5~10件你能为自己提供的学习机会。

3. 你的这两份列表只属于自己，这些内容只需要给老师看即可，不必与其他同学分享，我们会一起讨论列表并就其中的内容达成一致，然后我们会一起签署《你我的契约》，它可以帮助我们一起完善课堂秩序。

4. 当你写完自己的列表后，请举手示意我，我会很快走到你的身旁。我们签署契约后，请来我的讲台处拿一份材料并完成材料中的任务。

后续工作

教师应该在教室里走动，给学生提供反馈及鼓励。学生们完成列表后，要及时阅读他们的列表，如果他们写的内容可以接受，请在上面签上你的名字。如果哪条内容需要修订，请将该条的首个词圈起来。一切内容修订完成后，教师可以把签好的契约收集起来。

你还可以这样

为整个班级制作一个契约。让学生把他们的想法写在黑板上，然后全班共同讨论列表中的每一条，让学生投票确定这些内容是否包含在契约里。还可以让学生们自己制作一张海报展示自己的《你我的契约》。

CHAPTER 5

第五章

如何进行班级的团队建设

Teamwork: Building Classroom Communities

本章为大家介绍的活动有很大的互动性，会涉及语言交流和分享，相信这些活动一定会让你的班级充满生机。尽管有些活动的竞技性比较强，我还是希望大家本着“交流第一，输赢第二”的理念，在竞争中不以打败对手为目的，而是把注意力放在互相扶持，共同迎接挑战、实现目标上来。在这个过程中，学生们增进了友谊，加强了师生间的了解与信任。

当学生们尝到集体合作的甜头时，他们的表现会更好，更愿意与别人合作，学习成绩也会有所提高。在班级里，学生可以通过有组织的活动体现出一定的社会性，这些活动有积极的导向性和目的性，有助于学生成长。

笑对大脑和心脏非常有好处

科学研究证实，笑会使大脑产生让人态度积极的化学物质——内啡肽，这种物质与田径运动员及其他竞技爱好者所产生的物质类似，而大家一起笑不仅会使体内产生内啡肽，还促进了同学们之间的团结，这就是很多人演讲之前先讲个小笑话作引子的原因。即使这个笑话不那么好笑，人们也会礼貌性地微笑一下，大家一起笑也是一种力量。

教师可以用这些知识让教室氛围更有利于学生的成长和学习，学生们怎么会讨厌一个让他们笑口常开的老师呢？即使有的学生无法笑出声来，他们身处这样的愉悦氛围也会减少忧虑与压力。

49 找到你的老师

- **游戏目的**：培养团队协作能力
- **适应年龄**：5岁以上
- **游戏时长**：5~10分钟，具体时间根据班级学生数量和年龄而定
- **游戏所需材料**：教师学生时代的集体照片若干张

准备工作

找出若干张你学生时代的旧照片，照片一定要是集体照且你也在照片中，你也可以选用自己小学时代的毕业照等，总之只要是包含你在内的旧集体照均可。

做一个标题为“你们认为……”的模板，并在模板下方列出三条带有数字编号的横线。

安排学生分小组工作。

给学生的指导

1. 稍后我会给每组发一张照片，这些照片不是现在的照片，而是我学生时代的旧照片，你们的任务是从中找到学生时代的我。

2. 当你们辨认出照片中的我后，你们接下来要思考3件事：

- 你们认为我最喜欢的课后零食是什么？
- 你们认为我上学时最喜欢的科目是哪个？
- 你们认为我当时最希望自己长大从事什么职业？

3. 如果你们认为已经找到了我且已经答完了以上问题，请举手示意我，我会来到你们旁边看一下你们组的侦探工作做得如何。

后续工作

教师可以针对这个小游戏向学生们征求反馈意见，然后可以把话题拓展到“梦想”这个话题上来。如果你的学生年龄较小，你可以让他们考虑一下自己的梦想以及他们应该怎样做才能让他们的梦想成真；如果你的学生年龄较大，可以安排学生们分享一下他们童年时代的梦想。

你还可以这样

如果你有多张年少时的照片，可以给每组发一张不同的照片，这样就不用使得每个组看到的照片相同。

让学生们一起讨论现在的服饰、发型、学校建筑，以及房屋布置与照片中所呈现的时代有何不同，类似的讨论会涉及文化、流行趋势及历史。

50 集中注意力

- **游戏目的**：培养团队协作能力
- **适应年龄**：5~18岁
- **游戏时长**：10~20分钟，具体时间根据班级学生数量和年龄而定
- **游戏所需材料**：若干对骰子

准备工作

制作一些适合学生年龄的卡片，6~20张卡片一组即可。卡片上应该印有文字，如果图文并茂更好，而这些图片最好是人物、动物或日常用品。对于年龄较大的孩子，可以在卡片上附上某一具体科目的名词或术语，比如蜘蛛属于蛛形纲动物、毕达哥拉斯哲学理论、拟声词等。把这些卡片复制成一套卡片，之后再把这一整套卡片复制多份，每组分发一套。

把全班学生分成2~3人一组，还要给每组一对骰子。

给学生的指导

1. 我会给每组一套卡片。当你拿到卡片后，把每一张卡片扣在桌面上，然后分成几组。不要看其他人的卡片，也不要偷窥卡片上的内容，因为这些行为都会使这个游戏失去神秘感。

2. 为了在这个游戏中取胜，你必须把注意力都放在匹配卡片上。轮到你翻看卡片匹配图案时，先翻看一张卡片，然后再翻看另外一张卡片。如果这两张卡片的图案不相匹配，你需要把两张卡片扣回去；如果两张卡片相匹配，则可以把这两张卡片捡起来放在一边。请记住不要打乱卡片的顺序或是更改卡片的位置。

3. 下一个人翻开任意一张卡片，然后寻找与之相匹配的图案。一般情况下，很少有人能一次就将两张卡片上的图案匹配成功，但是随着翻

卡片次数的增加，相信每个学生都可以凭借自己的记忆力成功匹配卡片。

4. 我们会用掷骰子的方法确定谁先翻卡片进行匹配。谁的桌面上剩下的卡片最少，谁就是胜利者。

5. ______分钟之后，我会发出停止信号，那时我们一起来数一数你匹配了几对卡片。

后续工作

这个游戏可以在课堂上的空闲时间进行。如果有的学生先完成了课堂任务，可以安排他们在教室里静静地玩这个游戏，而且不要打扰其他尚未完成课堂任务的学生。

你还可以这样

这个游戏也可以两人一组，让每组的两个人根据课本上的内容或是某节课所学的内容自己设计制作卡片。也可以组与组之间互换卡片，用别人制作的卡片开展游戏，这种方式既充满趣味性，又可以令彼此了解到大家学到了哪些知识。

51 第一天的感受

- **游戏目的**：培养团队协作能力
- **适应年龄**：5岁以上
- **游戏时长**：5~15分钟，具体时间根据班级学生数量和年龄而定
- **游戏所需材料**：黑板和粉笔，白板或大张白纸和马克笔

准备工作

安排好学生们的座位，使每个学生都能清楚地看到黑板。也可以把一张较大的白纸贴在墙上开展游戏。给学生们准备一些马克笔，并放在方便他们取用的地方。

给学生的指导

1. 开学的第一天，同学们可能既兴奋，又紧张。我相信对于新学期、新课程，不同的人有不同的感受。当你学到新知识、新技能后，你可能兴奋不已，也可能对一些事情感到惴惴不安。我将给大家一分钟的时间考虑你的感受（一分钟的思考时间）。

2. 现在，我将让你们走过来写下你的感受，学校里有哪些事情让你兴奋，又有哪些事情让你有所顾虑。这对你的学习成绩没有影响，你可以选择参与，也可以不参与，但我真心希望每个人都能参与进来，与同学们分享你的感受。

3. 我先写下我正在思考的两件事情，比如：我担心所有的考试以及我该怎样记住老师教给我们的知识呢？而令我兴奋的是我的同学都会是谁呢？

后续工作

给学生们一些时间，让他们整理一下自己的感受，鼓起勇气，你也可以在班里随便走走给大家鼓励，还可以边走边问学生们的感受，然后让学生们到黑板或白板上写下自己的感受。

学生写完自己的感受后，给他们一些时间回到自己的座位上看大家给出的评论。然后让学生说说他们对这个游戏的看法，哪些担心是多余的？你有哪些建议可以帮助同学们减少压力、解决问题？老师也可以让学生们把这个活动写进自己的日记中。

你还可以这样

教师可以安排学生分组游戏，把学生分成若干组后，让每个组列出他们开学第一天的感受和顾虑，然后让他们分享写出的内容。对于年龄较小的学生，教师可以安排学生们分组做这个游戏。

52 完成故事

- **游戏目的**：培养团队协作能力
- **适应年龄**：5岁以上
- **游戏时长**：10~20分钟，具体时间根据班级学生数量和年龄而定
- **游戏所需材料**：故事的开头部分（详见“准备工作”环节）

准备工作

选取一个适合学生年龄的故事，写出故事的第一段，但应注意的是第一段应该至少包含两个主要角色，人物和动物皆可。你可以自己写出故事后面的部分或是将已有的故事情节抄写下来，再为每组准备一份。

准备一些带有提示的索引卡，提示可以涉及争吵、发现、问题、错误、冒险、惊喜，等等。

安排学生分成小组，给每组一份故事的开头部分。

给学生的指导

1. 每组有一个故事的开头，你们的任务是将故事补充完整。请注意，你们不需要写出所有的段落，只需要写出1~2段即可。

2. 我会给每组一张索引卡，卡片上写有故事发展提示，你们的任务是按照索引卡上的提示写出故事情节，然后我们会把所有的段落拼凑在一起，看看我们最终会得到怎样的一个故事。

3. 每组有10分钟的时间写下你们的故事片段。在写作时不用担心错别字和语序，只要写下你想到的内容即可，之后我们一起来修订故事中的错误。

后续工作

随机安排各组的顺序，让每一组按照自己的排序完成各自的写作任务。各组任务完成后，教师先朗读故事的开头部分，再请每一组根据自己的顺序读出所写内容。

请注意不要强迫某个学生大声朗读新编的故事情节，这会使该游戏产生负面影响。研究表明，我们的大脑在储存信息时也将记忆信息时的情感状态一并储存了起来，所以我们应该让喜欢阅读的学生朗读故事内容，你也可以自己把所有故事情节朗读出来。这样，这个游戏的趣味性才能得以体现。

你还可以这样

把学生所写的故事内容存储到电脑里，然后增加更多的章节或结尾，也可以让学生们为故事配上插图，然后把故事情节打印出来做成一本小书。还可以把学生画的插图扫描后穿插到故事情节中制作成电子书。如果学生们有能力参与制作电子书，你可以邀请每个学生参与编辑工作。电子书制作完毕后，教师可以把这本电子书发给家长，让他们了解到学生们参与的活动。

53 杂耍时间

- **游戏目的**：培养团队协作能力
- **适应年龄**：5岁以上
- **游戏时长**：5~15分钟，具体时间根据班级学生数量和年龄而定
- **游戏所需材料**：软球或沙包

准备工作

在教室中腾出一个能够让学生自由玩耍的空间。如果教室内空间不允许，你也可以考虑去户外开展游戏。

把学生们分成小组，给每一组提供相同数量的软球或沙包。

游戏开始之前，你可以问一下班里是否有学生知道如何耍杂耍。如果有学生知道，可以让这名学生做个示范；如果没有学生知道什么是杂耍，你可以让学生们观看一段视频介绍。如果你的学校无法连接网络，你可以把视频下载到手机里或是其他可移动设备上，然后播放给大家。

在游戏开始之前，你应该告诉他们你在游戏即将结束时会发出停止信号，请大家注意。

给学生的指导

1. 你的任务是练习把软球或是沙包抛给你的同伴，处于动态中的软球或沙包越多越好。

2. 不要担心你的杂耍技艺差。虽然你可能不是一个完美的杂耍艺人，但请记住我们都会犯错，重要的是你能不断从错误中吸取教训并不断改进。好了，预备，开始。

后续工作

游戏结束后，请学生们给出他们的反馈信息，如：他们从这个游戏中学到了什么？他们是如何调整自己的动作让自己不断进步的？他们在这个游戏里结合了哪些数学或物理学的原理（比如速度或相对运动）？

请学生们分享一下他们课余生活中的特殊技能或天赋。然后在一学期的时间内列出一个时间表，安排他们展示自己的才能和天赋，如果时间允许，可以让学生们展示完毕后讨论一下这些技能中蕴含的历史背景、文化底蕴，抑或是其间涉及了哪些社会因素及指导方法。

54 课堂拼图游戏

- **游戏目的**：培养团队协作能力
- **适应年龄**：5岁以上
- **游戏时长**：10~20分钟，具体时间根据班级学生数量和年龄而定
- **游戏所需材料**：海报板、锋利的刀片、铅笔、马克笔（可选）

准备工作

在硬纸板上画一大幅彩色图画，或是把现有大幅海报或图片贴在硬纸板上，然后用铅笔在硬纸板的背面勾勒出切割线。硬纸板切割的片数应大于或等于你手中学生名单上的人数。最好多准备出几张以备不时之需。然后用锋利的刀片把硬纸板切成小片拼图。

用几张课桌拼成一个大桌子，或是在地板上腾出一块可供学生拼图的空间。

学生走进教室后，给每个学生一片拼图，然后让他们坐到自己的座位上等待老师说明游戏规则。如果你手上还有多余的拼图卡片，你可以随意把它们分发给学生们。

给学生的指导

1. 每个同学手里都有一小片拼图，你们的任务是尽快把小片拼图拼起来看看能形成什么图案。

2. 拼图拼好后，我们会把每片拼图粘起来，然后把图案挂在墙上供同学们观赏。

后续工作

让学生们考虑一下，每片拼图是否就像班级里的每个人。在讨论中，

应该让学生们知道他们就是一个集体，当他们团结一致时，就构成了一个整体，正如这拼图一样，但凡有一片缺失，拼图就不完整了。这可以让学生们认识到每个人在集体中的重要性。

你还可以这样

你也可以不用图片来制作拼图，而是简单地用黑色马克笔在厚纸板上勾勒出一些线条来，然后再用铅笔在厚纸板的后面画出切割线，切成小片拼图。同样地，硬纸板切割的片数应大于或等于你手中学生名单上的人数，并且最好多准备出几张小拼图以备不时之需。给每个学生5~10分钟的时间让他们在小拼图上写下自己的名字，并让学生们用自己喜欢的图画来装饰自己手中的小片拼图。

这个游戏还可以这样玩：制作4套或更多的小拼图，在同一套拼图的后面用相同颜色的马克笔做记号，不同套的拼图用不同颜色的马克笔区分，避免学生们混淆，这使学生们更容易完成拼图。这个游戏也可以用来给学生们分组——拿着同一套拼图的学生可以在以后成为同一小组的成员。

55 彩色气球在空中

- **游戏目的**：培养团队协作能力
- **适应年龄**：5~18岁
- **游戏时长**：5~15分钟，具体时间根据班级学生年龄和气球数量而定
- **游戏所需材料**：各种颜色的气球

准备工作

在教室内布置一个可以让学生们安全活动的地方。

把相同颜色的气球分成一组，每组3~6个。

游戏开始之前，告诉学生们游戏开始和结束的信号，这样学生们就可以令行禁止。

给学生的指导

1. 我会给每个人______个气球，你要把气球吹起来后系好。吹完气球后，可以帮助你的同学吹气球或是静静地等待。

2. 现在我需要说明一下，不要站在与你拿着相同颜色气球的同学旁边，免得混淆。

3. 当我给出开始的信号后，我们看谁可以让自己的气球在空中飘得更久一些。大家准备好了吗？游戏开始！

1~2分钟后，教师给出停止信号，游戏结束，之后让他们的搭档轮流将这些气球飘在空中。最后让所有的学生一起使气球飘在空中，如果有必要，教师可以增加一些气球，这不仅可以提高游戏难度，还可以给学生们动力。

后续工作

游戏结束后，请同学们给出他们关于这个游戏的反馈信息，然后组织大家讨论如果他们齐心协力，充分发挥团队精神，他们能达到怎样的成绩。

你还可以这样

把学生们分成三等份，然后给1/3的学生每人6个气球，教师发出开始信号后，学生们要保持气球在空中飘浮的状态，看谁能让所有的气球在空中持续飘浮的时间最久。然后给每个学生增加一个搭档，并记录下气球在空中飘浮的时间，这个游戏可以充分体现团队的力量。

56 纸张翻转

- **游戏目的**：培养团队协作能力
- **适应年龄**：5岁以上
- **游戏时长**：10~15分钟，具体时间根据班级学生数量和年龄而定
- **游戏所需材料**：大张棕色牛皮纸，至少120厘米×120厘米

准备工作

重新布置教室里的桌椅，腾出一块可以让学生自由、安全活动的空间。

游戏开始之前，把学生分成小组，给每个组一大张牛皮纸。

游戏结束之前，教师应该给出提示，让学生们知道游戏即将结束。教师讲解游戏规则时，要求学生集中精力听。

给学生的指导

1. 每组有一张大牛皮纸，同学们首先把牛皮纸铺在地上，然后每组的所有组员面对面站立在纸上。

2. 接下来你们要保证在脚不接触地板且不把牛皮纸撕碎的情况下把整张纸翻过来。如果你们组的任何一个人有脚接触地面的情况，则视为犯规，游戏将重新开始。

3. 你将有______分钟的时间完成任务。准备好了吗？开始。

后续工作

游戏结束后，请学生们给出关于这个游戏的反馈信息。教师可以用开放式的问题来了解学生们的反馈情况，比如有多少组在规定时间内完成了任务？他们是用什么方法完成任务的？完成任务的小组是以学生一己之力完成的吗？为了完成任务，他们是怎样合作的？如果游戏开始之

前教师在每个组安排一个负责人，游戏是不是会进行得更顺利些呢?

这个游戏可以用于讨论合作在实现目标中的重要性。让学生自我评估自己是一个领导者还是执行者，这两者都十分重要，一个团队只有领导者或只有执行者都是低效的。

你还可以这样

打乱各组成员构成，然后再次做这个游戏，或者可以让学生们自己设计一个类似的、更有挑战性的游戏。

57 团队琐事

- **游戏目的**：培养团队协作能力
- **适应年龄**：6岁以上
- **游戏时长**：10~20分钟，具体时间根据班级学生数量和年龄而定
- **游戏所需材料**：适合学生年龄的琐事问题，小白板或纸，马克笔

准备工作

准备一系列关于某个具体科目的问题，或是某几个科目的混合问题，如语文、音乐、体育、电影、科学、历史、政治、美术等。难度适当的问题可以帮助学生建立信心，也能让他们更喜欢参与；一些“傻瓜问题”可以引发同学们的笑声，笑声可以激发大脑分泌让人快乐的化学物质，更可以提升学生们的集体意识；也应该设置一些有难度的问题，这些问题可以给大家挑战，如果能回答上这些问题，学生们会很有成就感，还可以激励他们继续努力。

设置一些奖项并制作证书，比如班级最佳讨论奖、班级最佳思考者、班级最聪明的学生、最不可思议的高智商奖等。在制作证书时，不要太吝啬，最好能保证每个组都能拿到证书，让他们觉得自己是被认可的。

把学生们分成3~4人一组，安排每一组学生坐在一起，同时保证每个人都能看到黑板或白板。开始做游戏时，给学生们展示你为他们准备的问题。

给每个组一个小白板、一支可擦掉笔迹的马克笔，如果没有这种马克笔，则为学生发若干张白纸来取代小白板。

给学生的指导

1. 我会问大家一些问题，每个小组有60秒钟的时间讨论问题，然后

把你们组的答案写在白板上。

2. 我让大家展示答案时，请每一组把你们的答案举起来，然后我来判断你们的答案是否正确。

3. 有谁愿意做志愿者帮我统计每组答对答案的个数？（如果有两个人愿意当志愿者，你可以让他们组成一个小组；如果没有人愿意做志愿者，这个工作只能由你自己承担了。）

后续工作

你先提出10个问题，并用这些问题判断学生的参与程度及合作情况。如果学生们的参与热情较高、配合默契，则可再问10个问题。然后计算出每个小组的总成绩，并为表现突出的团队颁发奖项和证书，祝贺每一组的精诚合作及取得的优异成绩。

你还可以这样

让学生们自己出题或设定奖项。如果试题较多，你可以分批使用。教师可以用这个游戏进行团队建设，也可以把这个游戏作为复习重点知识的工具，帮学生们总结一段时间内某个科目的重点。

58 不同的测量方法

- **游戏目的**：培养团队协作能力
- **适应年龄**：5岁以上
- **游戏时长**：10~15分钟，具体时间根据班级学生数量和年龄而定
- **游戏所需材料**：无

准备工作

把学生分成小组。

给学生的指导

1. 你们的任务是用两个与以往不同的测量工具测量教室中的两个不同物品。测量工具譬如，订书机或是身体的某个部分，作为一切物品的度量单位。比如你的课桌是47个大拇指的长度，门有15个订书机那么高。

2. 你们将有10分钟的测量时间，然后每一组会与班里的其他同学分享他们的测量结果。

后续工作

让每组展示自己要测量的物品及测量工具。

游戏结束后，请学生们给出他们关于这个游戏的反馈信息。他们选择了什么测量工具？他们想改变标准的度量衡吗，为什么用新的测量方式代替厘米、米等测量单位？

你还可以这样

安排学生们测量具体的物品，如课本、书籍或是电脑屏幕和某个人。

第 2 部分

让科目引人入胜的游戏

Sticking To The Subject

本部分中，我们针对具体的科目设计了一些学科破冰技巧，所涉及的科目有数学、科学、语文、阅读、社会学习实践、技术、美术、音乐、英语等，这些技巧在很多课堂环境中都很实用。

请注意

如果你还没有阅读本书的序言部分，我再次建议你阅读里面谈到的吸引学生注意力的方法是教师最好的课堂管理工具，一旦你能够灵活使用这些工具，学生会全心全意地听你讲课，而你也不必提高嗓门或是把时间浪费在组织课堂纪律上。游戏进行时，你应该让学生们集中注意力，这在讲课伊始或是学生参与活动中可以起到积极的作用，助力你掌握课堂节奏。

CHAPTER 6

第六章

让数学更有趣的游戏

Mathematical Possibilities

对许多学生来说，数学是一门可怕的学科，数学也因此成为教学中的一个难点。

很多人回忆说自己的学生时代最怕学的科目是数学，他们中甚至有些人得了“数学恐惧症”。一旦学生的内心形成了这种想法，他们在学习时就会遇到重重阻碍。之所以这样是因为这些负面感觉连同数学知识和信息被大脑一并存储了，所以每当我们学习数学时，情感都会给我们发出负面的信号——数学很难学。因此有的学生在上完第一节数学课认为数学难学后，在以后的数学课中他们仍旧对数学“不开窍”，从此就再也没享受过数学的乐趣。

数学破冰游戏可以帮助学生们缓解压力，帮助他们树立积极的学习态度，让他们在数字语言的带领下走进一个充满挑战的世界。在游戏中，学生不必担心成绩是否及格，他们只需尽情享受数学带给他们的乐趣。这些游戏还可以鼓励学生思考并积极解决问题，每次积极的经历都会克服以往的消极心理和负面记忆。

59 对称表演

- **游戏目的**：数学课的破冰，对称
- **适应年龄**：7~15岁
- **游戏时长**：10~20分钟，具体时间根据班级学生数量和年龄而定
- **游戏所需材料**：白纸、铅笔

准备工作

做一系列的幻灯片或是海报来为学生展示对称的概念。准备好纸和笔方便学生使用。

在活动开始之前，为学生们播放幻灯片或是讨论海报上的对称图形，然后问学生这些图形有哪些共同点。尽量不要直白地告诉他们什么是对称，而是引导学生通过自己的发现来认知对称的概念。简短的讨论之后，教师在黑板上写上“对称”两个字，然后解释其中的原理。

给学生的指导

1. 请大家准备好一张纸，准备2~3支不同颜色的彩笔。你们的任务是自己设计一个对称图形，图形中至少需要用到2~3种颜色及3种不同的形状。

2. 如果你不是很确定自己是否已经完全理解对称的概念，那么请用铅笔先在白纸上打草稿，然后与你身边的同学讨论一下你的设计，同时也可以问问他们的想法和反馈。如果这样仍然不确定自己是否理解了对称的概念，那么请举手示意我，我会过去帮助你。

3. 完成自己的设计后，把你的对称图形给我看一下，我会把你的作品贴在展示板上。所有的同学都上交了作品后，大家可以一起参观啦！

后续工作

让学生们罗列一个他们在自然界中看到的对称图形表，也可以让学生们找一下教室中的对称图形。

你还可以这样

电脑设计对称图形：如果教室中有电脑，你可以让学生们分组在电脑上设计对称图形。当各组完成设计之后，教师可以把这些作品制作成幻灯片，然后在班上给同学们放映。如果时间允许，每个学生都可以在电脑上发挥自己的想象力，设计出具有自己风格的对称图形。

肢体设计对称图形：安排学生每两或四人一组，每组的任务是用自己的身体设计对称图形。比如，两个人面对面站立，其中一个人左手举起，另外一个人右手举起。两个人都抬起头仰望天花板，这就构成了一个简单的镜面成像对称了。

60 数手指

- 游戏目的：数学课的破冰
- 适应年龄：4~7岁
- 游戏时长：5~10分钟，具体时间根据班级学生数量和年龄而定
- 游戏所需材料：手形纸板

准备工作

可选：制作10个手形纸板，其中两个是一个手指竖起的形状逼真的手形纸板，两个是两个手指竖起的手形纸板，两个是三个手指竖起的手形纸板，两个是四个手指竖起的手形纸板，最后两个是伸开的巴掌形状。

让学生们坐在地板上或是把椅子围成一个圈，然后教师站在中间，这样所有的学生都可以清楚地看到你。

给学生的指导

教师可以这样开始游戏：

1. 我们要玩一个数手指的游戏，你们的任务是从一数到三，一，二，三。来，同学们，我们一起练习一下：一，二，三。好！很棒！

2. 现在我们开始一起数，每次你们都要数到三，我每次举起一个或两个手形纸板（教师给学生展示手形纸板，每次只举起一个手形纸板，让学生数手指。然后举起两个手形纸板，让学生数手指）。

3. 准备好了吗？开始吧！一，二，三。数手指啦！你们看到了几个手指？

后续工作

教师可以让学生们轮流举起手形纸板，让其他学生数手指。

61 火柴拼图益智游戏

- **游戏目的**：数学课的破冰，动脑筋
- **适应年龄**：7岁以上
- **游戏时长**：10~20分钟，具体时间根据班级学生数量和年龄而定
- **游戏所需材料**：火柴拼图益智游戏（你可以从书上或是网上获得），火柴棍

准备工作

根据学生年龄段的不同，选择适合的火柴拼图益智游戏，学生们的答案会给你各种惊喜。

在教室的不同位置展示不同的火柴拼图益智游戏。如果可能的话，你可以把这些拼图放大后贴在墙上或是把它们贴在墙上的海报上。你可以在讲台上、课桌上或是笔记本电脑上设计火柴拼图益智游戏。请记得为学生们多准备些火柴，并为这些火柴编号。

把学生分成组，给每组一个开始的数字，使这些数字与游戏展示相对应。如果你手头上有大量的火柴拼图益智游戏就再好不过了，这样，各个组拿到的游戏就不会重复，你也可以从任何一组开始游戏。

给学生的指导

1. 当我宣布游戏开始后，你的任务就是根据手中的火柴编号找到相应的益智游戏，然后你所在的整个组开始玩益智游戏。

2. 如果你已经答完题，请举手示意我，之后你就可以再去玩另外一个益智游戏。

3. 如果你的同学对他们的益智游戏束手无策，请尽量帮助他们，不过你不要直接告诉他们答案是什么，而是要给他们一些有利于答题的建

议，然后让他们自己去解决。

后续工作

游戏结束后，你可以让学生反馈一下他们对这个游戏的感受，可能有的学生觉得这个游戏很难。你还可以在课堂上跟同学们讨论一下解答这些益智游戏的技巧，也可以让学生们分享一下他们的解题方法。在做这件事之前，要先确定学生有理解这些方法的能力。关于这个话题的讨论你可以运用多方面的技巧，比如音乐方面的、语言方面的、空间感觉方面的，等等。我们每个人都有自己的优势。

让学生们独自创造自己的火柴拼图益智游戏，然后把游戏介绍给其他同学，让全班的同学都参与到游戏之中。当然教师也可以让学生与自己的同桌或是搭档合作完成游戏设计后介绍给全班的同学。

你还可以这样

你还可以多复印一些益智游戏题，然后把火柴棍发给学生，让他们在自己的课桌上答题。

62 数字游戏

- **游戏目的**：数学课的破冰，彼此熟悉
- **适应年龄**：5岁以上
- **游戏时长**：10~20分钟，具体时间根据班级学生数量和年龄而定
- **游戏所需材料**：模板、铅笔

准备工作

创造一个以数字开头的短语列表，比如七零八落，六亲不认，七嘴八舌，九死一生，九牛一毛，六神无主，两败俱伤，等等。对于年龄较小的学生来说，给出的成语应该稍简单些，最好是使用日常语言中常用到的成语。

你可以按照下面的形式创建一个模板，要求学生用数字补充成语：

____ 颜 ____ 色

____ 疮 ____ 孔

____ 拿 ____ 稳

____ 牛 ____ 毛

____ 面 ____ 方

____ 零 ____ 落

____ 天揽月

____ 足鼎立

____ 花 ____ 门

把这些模板分发给学生，跟他们说明游戏规则后，发给学生们分发铅笔供其填写。

❖ 给学生的指导

你们要在______分钟之内完成以上内容，然后跟同学们分享你给出的答案，铅笔可以作为我发给同学们的小礼物。

后续工作

让学生们自己设计模板供同学们填写。

你还可以这样

如果课堂上的时间比较紧张，你也可以做一张含有5个成语的模板清单，以此作为开学第一周每一节课的课前活动。

63 形状

- **游戏目的**：数学课的破冰，了解几何图形
- **适应年龄**：7岁以上
- **游戏时长**：10~20分钟，具体时间根据班级学生数量和年龄而定
- **游戏所需材料**：粗绳或麻线

准备工作

在大海报上粘贴上边长相同的几何图形，比如正方形、等边三角形、正五边形、正六边形。

把粗绳或麻线剪成7米长的段，给每个四人小组分发一根。

把学生分成四个人一组，如果班级人数不能被4整除，剩余的人可以一个人、两个人或是三个人一组，你应该自己分组，而不要让学生自己组合，这样做可以避免有些同学被其他学生隔离出去。

给学生的指导

1. 我会给每个同学一根粗绳，你们的任务是用粗绳做一个正方形或等边三角形、正五边形、正六边形，你有______分钟完成这个任务，在时间结束之前我会给大家提示。

2. 请不要用粗绳或麻线的全部来完成几何图形，之后要在不借助直尺和卷尺等测量工具的基础上想出一种测量图形周长的方法。

3. 准备好了吗？开始！

后续工作

测量一下学生们最终完成的图形，然后让每个组分享一下他们如何在不借助测量工具的条件下算出图形周长。

这个活动完成后，教师还可以安排一个更有挑战性的形状，或者让学生在时间允许的范围内围出一个等边图形。

❤ 你还可以这样

对于年龄较大的学生，你可以把学生分组后安排一些难度更高的立体图形，也可以把每一段7米长的粗绳发给学生后让他们自行设计图形。

64 疯狂小剪刀

- **游戏目的**：数学课的破冰
- **适应年龄**：7~11岁
- **游戏时长**：10~15分钟，具体时间根据班级学生数量和年龄而定
- **游戏所需材料**：索引卡片，剪刀，码尺

准备工作

给每个学生发一张大小相同的索引卡片和一把剪刀。本游戏的挑战在于把索引卡片剪裁成一个长纸条，允许把纸折起来裁剪，但是如果因为不小心剪掉卡片的任意部分，这部分都不再计入纸条的总长度，也不允许将剪掉的部分重新粘贴。本游戏无时间限制，但若出现过于拖沓的情况，可以酌情设置时间限制。

剪裁完毕，把纸条沿着码尺展开，记录下码尺显示的长度。按照纸条的最长直线长度测量，长度最长的学生是本次游戏的赢家。任何弯曲形状的纸条都应该将其沿码尺展开来，测量直线长度。如果在测量过程中纸条撕碎了，按照剩余部分的长度测量。

给学生的指导

应该当着其他同学的面，自己测量自己剪裁出的纸条长度，避免在测量过程中，不小心撕坏了自己或他人的作品。

本游戏可以不断激发学生的创造力，学生对此百玩不厌。刚开始玩时，学生可能只是剪裁出索引卡片长度的纸条，这样的学生会被按对角线剪裁纸张的学生打败。慢慢地，学生就会创造性地想出更多增加长度的方法，如螺旋式剪法、之字形剪法，或者对折裁剪法，以及更多其他更有想象力的方法。

设立“名人堂”，展示胜出的裁剪形状，这样就会通过不断挑战赢家，战胜赢家，使游戏具有持久的趣味性和生命力。

你还可以这样

学生可以掷色子，根据掷出的色子数决定一轮游戏中裁剪的次数。

除了索引卡片，还可以裁剪更大的长方形卡片或者其他图形卡片，如星星形状或者圆形。

65 我的数字是什么

- **游戏目的**：数学课的破冰，彼此熟悉
- **适应年龄**：6岁以上
- **游戏时长**：10~20分钟，具体时间根据班级学生数量和年龄而定
- **游戏所需材料**：索引卡、马克笔

准备工作

制作一张海报，在海报上写出5个数字，这5个数字字体要够大，能让班上所有的学生看到。你也可以把这5个数字直接写在黑板上，每个数字代表生活中你所拥有的物品的数量。比如如果你看到的数字是2，而你家恰好有两只小狗，则你可以把小狗这个词写下来；看到3你可以写下桌子这个词；看到4你可以写下窗户；看到6这个数字你可以写下篮球；看到207这个数字你可以写下光盘这个词。你也可以写出一些抽象的事情，比如你看到20这个数字时，可以写下这是你每天向万事万物表示感恩的次数。

给学生的指导

1. 海报上（黑板上）写出了5个数字，每个数字代表你生活中某个物品或某件事的数量，你们的任务是写出这些数字对于你来说意味着什么，这个结果与你的考试成绩无关，因此即便答错了也没关系。

2. 请回答第一个数字对你来说代表什么？（如果没人举手回答，你可以选择与你进行眼神交流的学生回答问题，然后让其依次回答其余4个数字所代表的事物。）

3. 现在，我会给大家分发索引卡和马克笔，请大家用马克笔在索引卡上写出一个你自己的数字，并告诉我们这个数字表示什么。这个数字

不必透露你的个人信息，比如你可以写下2这个数字，然后告诉大家这个数字代表你有两只鞋子。

4. 现在你有1分钟的时间来写下你的数字，然后我会在教室里走动，当轮到你举起手中的卡片时，请把卡片举高，然后由大家来猜这个数字对你来说意味着什么。

后续工作

这个游戏可以分小组进行，用于小组成员间互相熟悉及彼此间建立友谊。

你还可以这样

如果班上学生较多，你可以把学生们分成小组开展游戏，这样可以节省很多时间，也可以让较为腼腆的学生更快融入到游戏中去。这就如同英语学习者一样，他们在学习英语之初怯于在公开场合张口，但是如果他们已经建立了自信，就不会犹疑不决了。

CHAPTER 7

第七章 让语文更有韵味的游戏

Language Arts Starters

无论在哪所学校，哪个年级，语文都是一门必不可少的科目，其重要程度可见一斑。因此本章为大家介绍的游戏活动也比其他科目多一些。

本章为大家介绍的游戏也适用于其他科目，这些游戏有利于跨学科技能的培养。同时，这些游戏的应用范围较广，对任何年龄、任何性格特征的学生均适用。即便学生的个人能力差异较大，他们也都能从中享受到学习的乐趣，这也许就是语文的魅力所在吧！

66 模仿类推

- **游戏目的**：语文课的破冰
- **适应年龄**：10岁以上
- **游戏时长**：10~20分钟，具体时间根据班级学生数量和年龄而定
- **游戏所需材料**：索引卡

准备工作

制作一些模仿类推内容，可以带有一定难度，但不要给学生的理解带来困难，你可以上网搜索一些内容，比如：

简单的：

手指、手；脚趾、脚

中等难度的：

鱼饵、鱼；花蜜、蜜蜂

难的：

抽象派、布洛克；印象派、莫奈

把学生们分成两人一组，根据学生的小组数确定你所需要的推理模仿内容的卡片组数，最好多准备两组，以备不时之需。如果班级人数不能被2整除，或者你给剩余的那名学生两张卡片，或者你自己参与到游戏当中，千万不要把任何学生遗漏在外。

把每组类推内容制作成两张卡片，一半的内容在一张卡片上，另外一半内容在另一张卡片上，比如“手指、手”在一张卡片上，而“脚趾、脚”则在另一张卡片上。卡片制作完毕后，在每组其中一张卡片的反面写上标记“X”，用以区分每组中两个人的角色。

为了让学生们更容易理解这个游戏，你可以在黑板上举几个例子，但是请注意你给出的例子不要与将要发给学生的卡片上的内容雷同。

学生走进教室后，给他们每个人一张卡片，然后让大家在座位上认真听游戏规则。

给学生的指导

1. 每个人手里有一张卡片，卡片上有模仿类推的一半的内容，谁能说一下什么是模仿类推？（如果没人能解释这个概念，你应该为学生解释这个名词。）

2. 请大家看一下黑板上的样例，有谁愿意尝试为大家解释一下吗？

3. 现在请大家把自己手中的卡片翻到反面，如果你手中卡片的背面有“X”标志，则你的任务是在60秒钟之内走到台前，然后面对同学们站成一排。开始（稍作停顿）。非常棒！手中卡片有X标志的同学在这个游戏中不能动。

4. 手中没有X标志的同学有______分钟的时间找到他们的搭档，请大家互相帮助找到你们各自的搭档。大家准备好了吗？开始！

你还可以这样

让每个类推组合举起卡片，然后读出卡片中的内容，再让同学们解释每个类推组合中两组内容的关系。

教师还可以把所有的类推内容卡片收集到一起，然后让志愿者参与匹配内容一致的卡片，看他们在没人帮助的情况下能正确匹配多少对卡片。

67 一图胜千言

- **游戏目的：**语文课的破冰
- **适应年龄：**7岁以上
- **游戏时长：**10~20分钟，具体时间根据班级学生数量和年龄而定
- **游戏所需材料：**图片或绘画

准备工作

准备一些适合学生年龄的美术作品，这些作品应主题鲜明、设计新颖。再准备一大张海报用以展示美术作品，也可以把美术作品制作成幻灯片。如果你没有电脑制作幻灯片或是没有投影仪播放幻灯片，你也可以给每个学生发一张美术作品。如果条件允许，你可以给每个学生发一份不同的美术作品。如果无法找到太多，可以给所有学生发同一幅美术作品。

给学生的指导

1. 你们可能听到过这样的一句谚语："一图胜千言。"你是如何理解这句谚语的呢？（让学生就此问题进行讨论，如果没有人应答，你可以把自己的想法说出来然后继续讲解游戏规则。）

2. 今天我们要进行的挑战是用100个词来描述一幅画。

3. 首先，我们一起看一下手里的图片，大家有1分钟的时间来思考，然后我们会根据自己看到的图片内容在纸上写下100个词加以描述。

4. 这并不是一个测试，因此没有正确答案与错误答案之分，我们只需要动动脑筋把头脑中的词汇连成句，无论你用的是短句或长句均可，这些由你自己决定。

5. 你们将有______分钟的时间完成游戏，游戏结束之前，我会为大

家倒计时，请大家把握好时间。

后续工作

让学生们分享他们所写的内容，然后让志愿者把它们抄到黑板上，再让另外一个志愿者数词数，如果词数已经超过了100个，志愿者要告知老师。

你还可以这样

你也可以让学生们走上讲台，把该写的内容写在黑板上，然后让一个志愿者来作计数员。如果学生们写到100个词时仍然觉得意犹未尽，可以允许学生们再写50~100个词。

68 狗狗之间的关系

- **游戏目的**：语文课的破冰
- **适应年龄**：7岁以上
- **游戏时长**：10~20分钟，具体时间根据班级学生数量和年龄而定
- **游戏所需材料**：成年犬或幼犬的图片

准备工作

把学生们分成三组，准备一些狗狗照片。

收集不同品种的成年犬的照片，再为每个品种的成年犬找两张与其品种相同的幼仔图片。教师可以多准备出一些图片以备不时之需。如果学生的数量不足，教师也可以参与到游戏中去，以免有学生遗漏在外。

教师用较大的字条在黑板上写下以下两个谚语：

老狗学不会新把戏。

如果一只狗总是表现得像一只幼犬，它就永远也成不了成年犬。

学生走进教室后，给他们每个人一张成年犬或是幼仔的图片，然后让大家在座位上认真听游戏规则。

给学生的指导

1. 每个同学都拿着一张狗狗图片，有的图片上是成年犬，有的图片上是幼犬，而每个品种都有一张成年犬图片、两张幼仔的图片。

2. 当我宣布游戏开始后，你们将有______分钟的时间找到与你手中的狗狗为同一品种的图片，同学之间可以互相帮助，但是不能交换图片。

3. 游戏结束之前，我会为大家倒计时，请大家把握好时间。

4. 这一项完成之后，就该做下面的事情了，每组将有______分钟的时间讨论黑板上的两个谚语，阐述这两个谚语与同学们生活的关系。讨

论的结果无对错之分，旨在培养同学们独立思考的能力，因此这个游戏重在大家的参与。

5. 大家准备好了吗？游戏开始！

后续工作

请每一组分别说说他们的讨论结果，然后全体同学掌声鼓励。

你还可以这样

如果学生的年龄较小，你可以把讨论谚语这个环节去掉，或是只讨论其中的一条谚语即可。你也可用不同的动物代替，比如母猪和小猪，鸭子和小鸭的照片，等等。这个游戏也可以两人一组进行，只需要选取每个品种的成年犬照片和幼仔照片各一张即可。

69 外语词组

- **游戏目的**：语文课的破冰
- **适应年龄**：9岁以上
- **游戏时长**：10~20分钟，具体时间根据班级学生数量和年龄而定
- **游戏所需材料**：索引卡，外语词典或网络连接

准备工作

把学生们分成两人一组，根据学生的小组数找到等量的外语词组。这些词组可以选自课本、外语词典，也可以从网上获取。如果可能，你也可以选取一些谚语警句。

在一张索引卡上写上一个词组及该词组的语种。例如，希腊语、英语、阿拉伯语等。把这个词组的中文译文写在另外一张索引卡上。

学生走进教室后给他们每个人一张卡片，然后让大家在座位上认真听游戏规则。

给学生的指导

1. 每个人手中有一张索引卡，索引卡上写有一个外语词组或是该词组的汉语释义。你们的任务是找到与你的卡片词组意思对应的同学。如果你手中的卡片上写的是外语，你需要找到拿着对应释义卡片的同学，反之亦然。

2. 当我宣布游戏开始后，你们将有______分钟的时间匹配词组与其释义。游戏结束之前，我会为大家倒计时，请大家把握好时间。

3. 游戏过程中，请大家互相帮助。我为大家准备了课本、外语词典及网络连接，供大家使用。准备好了吗？开始！

后续工作

让每一组分享他们的匹配成果，鼓励学生们大声读出他们手中的外语词组和释义，即便是匹配错误也无妨。这个游戏可以让学生意识到在没有语境的帮助下学会一门外语是多么不容易。如果教师可以为学生们提供外语词组的音标，那就最好不过了。

把学生们手中的卡片收集起来然后再发给他们，看看学生们能在多长时间内把外语词组和它们的释义匹配起来。游戏过程中，学生们应该互相帮助。

你还可以这样

如果你把学生们分成三人一组，可以设计成一个外语词组对应两个释义或是两个外语词组对应一个释义。

70 诗歌“我”

- **游戏目的**：语文课的破冰
- **适应年龄**：6岁以上
- **游戏时长**：10~20分钟，具体时间根据班级学生数量和年龄而定
- **游戏所需材料**：诗歌模板（详见准备工作中的内容），马克笔（可选）

准备工作

为学生们制作一个诗歌模板供填写，模板内容如下：

我是_______________。

我喜欢_______________。

我不喜欢_______________。

有一天，我想_______________。

学生走进教室后给他们每个人一张模板，然后让大家在座位上认真听游戏规则。

给学生的指导

1. 今天，我们要做一个自我介绍。每一个人不必走到讲台上来，只需要用一首小诗就可以让大家了解我们。

2. 在我们的诗歌模板上，你们会看到4个未完成的句子，完成这4个句子的同时也意味着你写好了“我会”这首诗。

3. 你有______分钟的时间完成这首小诗。

4. 诗歌完成后，请举手示意我，我会走到你身边把你的小诗收上来起来。

5. 将所有同学的诗歌收集到一起后，我会当场把每首诗歌念出来。我读完你的小诗后，会请你把你的作品贴在留言板上。

6. 等将所有的诗歌贴好后，全班合影留念。

后续工作

教师读完每首小诗后让诗歌的作者起立，然后把小诗和作者本人进行对比，确定他们是否写出了自己的真实情况。

你还可以这样

如果学生们都很踊跃参与游戏，教师可以让学生自己读出作品。每个学生读完作品后，全体学生掌声鼓励。

71 词与义的匹配

- **游戏目的：**语文课的破冰
- **适应年龄：**8岁以上
- **游戏时长：**10~20分钟，具体时间根据班级学生数量和年龄而定
- **游戏所需材料：**索引卡、字典、网络（可选）

准备工作

把学生们分成两人一组，根据学生的小组数找到等量的词。

把词写在一张索引卡上，字体应大些，它对应的释义写在另一张索引卡上。你可以多准备出几组词及释义的卡片，以备不时之需。

学生走进教室后，给每个学生一张索引卡，然后让他们坐到自己的座位上等待老师讲解游戏规则。

给学生的指导

1. 每个同学手里有一张索引卡，有的同学手中的索引卡上写的是一个词，有的同学的索引卡上写的是词的释义。

2. 你们的任务是把词与其释义匹配起来。

3. 你们有______分钟的时间匹配卡片。游戏结束前我会给大家发出倒计时信号。

4. 在玩游戏的过程中，同学们可以互相帮助，共同完成匹配任务，你们也可以借助字典和电脑查出词的释义。

5. 准备好了吗？游戏开始。

后续工作

让学生为他们手中的词画插图，或者让他们把这些词用肢体语言表达出来。

72 俗语

- **游戏目的**：语文课的破冰
- **适应年龄**：7岁以上
- **游戏时长**：10~20分钟，具体时间根据班级学生数量和年龄而定
- **游戏所需材料**：适合学生年龄的俗语

准备工作

准备一本适合学生年龄的、收录俗语的书籍，以下是一些俗语的例子：

- 不下水，一辈子不会游泳；不扬帆，一辈子不会撑船。
- 香花不一定好看，会说不一定能干。
- 天下的弓都是弯的，世上的理都是直的。
- 一个鸡蛋吃不饱，一身臭名背到老。
- 宁可身冷，不可心冷；宁可人穷，不可志短。

如果你手头上没有这类书籍，可以逛一下网店，一定会有所收获。你也可以用自己的智慧总结一些意味深远的俗语供游戏之用。

把这些充满智慧且配有插图的俗语贴在教室的墙上或是班级留言板上。

学生走进教室后，让他们讨论留言板上张贴的俗语，然后让他们坐到自己的座位上等待老师讲解游戏规则。

给学生的指导

1. 我们今天的游戏源于充满智慧的俗语书的启发（如果你手上有这类的书籍，可以把书的封面展示给学生们），书的内容浅显易懂却给人无限启迪。

2. 今天，我们的任务是要自己总结一些这样的俗语，比如你给刚上小学的同学们的建议，你在学校中与老师和同学们相处的准则，等等。

3. 哪位同学有画画特长？请举手示意。（停顿一会儿）如果你们在画插图时遇到困难可以向他们寻求帮助。当然，大家也不必担心自己的绘画技艺差或执意追求完美。每个人都是艺术家，而且我们并不是举办插图比赛，只是为了让游戏更有趣味性才给俗语配插图。

后续工作

如果学生们有意愿分享自己写出来的俗语，教师应该为学生们提供展示的机会。如果有的学生比较腼腆不喜欢当众读出自己的俗语，则可以让他们把作品贴在班级留言板上。所有的作品都贴好后，教师组织全班同学欣赏图文并茂的俗语作品展。

你还可以这样

如果教室条件允许，你也可以把俗语制作成幻灯片，利用投影仪把俗语打在幕布上。教师每打出一则俗语后，学生们根据自己的感受写出相应的谚语。

73 写出你的观点

- **游戏目的**：语文课的破冰
- **适应年龄**：8岁以上
- **游戏时长**：10~20分钟，具体时间根据班级学生数量和年龄而定
- **游戏所需材料**：白板或投影幕布、白纸、铅笔或钢笔

准备工作

在白板上写出一个有争议的问题或评论。如果教室条件允许，以上内容可投影在幕布上。

学生们走进教室后请他们坐到自己的座位上，阅读白板或投影幕布上的问题或评论，然后静静思考，直到所有的学生都就位。

游戏开始之前，把学生们分成小组。分组结束后，让学生们面对面坐在一起。

为大家发白纸、铅笔或钢笔，这些文具也可以让学生们自己准备。

给学生的指导

1. 今天我们要做一个写作练习游戏。具体要求是这样的：大家写出你对此问题或评论的观点和认识。然后每个组的成员互换自己的观点并展开讨论。

2. 讨论时你可以向组员提问或否定他人的观点，但大家要保持和谐友好的交流氛围，因为正是由于不同观点的存在才使我们的世界如此丰富多彩，试想一下如果大家的想法雷同，喜好也没什么差异，那我们的生活将会多么无聊、多么乏味啊！

3. 你将有______分钟的时间写下你的观点。游戏结束之前，我会给大家发出倒计时信号，请大家把握好时间。

4. 然后你们将有______分钟的时间小组内讨论组员的观点。

5. 大家不要担心你们写下的内容有错别字或句子有语病，这个游戏的目的不是让大家写出完美的句子，而是让大家各抒己见、分享观点。同学们准备好了吗？游戏开始。

后续工作

如果学生们参与游戏的热情很高，教师可以组织学生们再玩一次。这次让学生们写出他们自己关心的问题。如果你收到的学生建议较多，可以从中选出若干个供本次游戏之用，剩余的留待以后使用。

你还可以这样

重复此游戏，教师让每组学生背对着坐在一起，每个组员写完自己的观点后，在不转身的前提下交换彼此的答案，进而了解别人的观点。这样的做法使学生们可以不必面对面讨论。这两种形式的游戏结束后，教师让学生们根据这两次经历给出反馈：他们喜欢第一种方式还是喜欢第二种方式呢？

74 音乐听后感

- **游戏目的**：语文课的破冰
- **适应年龄**：6岁以上
- **游戏时长**：10~20分钟，具体时间根据班级学生数量和年龄而定
- **游戏所需材料**：几段音乐、白纸、铅笔

准备工作

准备几段不同风格、不同乐器演奏的音乐，比如古典音乐、流行音乐、蓝调、民乐、爵士乐等，音乐的种类越丰富越好。

给每个学生准备一张白纸和一支铅笔，这些文具也可以让学生们自己准备。

游戏开始之前，让学生们认真听你讲解游戏规则。

给学生的指导

1. 我们马上要玩一个跟音乐有关的游戏，我会为同学们播放几段不同风格、不同乐器演奏的音乐，音乐中没有歌手的声音，也没有歌词。你们的任务是写出你听到每段音乐后内心的感受。

2. 听到第一首音乐后，你们需要写出10个字，听到第二首音乐后你们至少要写出20个字，以此类推，我们看看第五首音乐听完是否能写到50个字。

3. 第一首音乐我大约会播放50秒，后面的音乐播放的时间会长一些，因为大家要写的词也多了。

4. 有没有人愿意当计时员？请举手示意我，你可以在做计时员的同时参与到写作的游戏中来，也可以只做计时员不参加游戏（如果多名学生举手，你可以指定某人作为计时员，也可以让他们轮流担任）。

后续工作

每首音乐播放完毕后，你可以让学生们分享一下他们写下的内容并解释他们为什么有此情感。如果学生们很受这个游戏启发，你可以根据时间情况让学生们再听一遍音乐，感受音乐中蕴含的语言，也可以让学生们根据自己对音乐的理解展开讨论。

你还可以这样

如果你想增加游戏难度，教师可以要求学生在听到第一首音乐后只写出形容词，听到第二首音乐后只写出名词，听到第三首音乐后只写出颜色，以此类推。

对于年龄较小的学生，教师可以不让他们写字，而是让他们把自己从音乐中感受到的内容说出来，教师把学生的陈述写在黑板上。

75 象形标志

- **游戏目的**：语文课的破冰
- **适应年龄**：7岁以上
- **游戏时长**：10~30分钟，具体时间根据班级学生数量和年龄而定
- **游戏所需材料**：白纸、铅笔、钢笔、马克笔

准备工作

准备一些适合学生年龄的标志。如果你在网上搜索可能会发现“禁止吸烟”“有毒物品”等标志，网上也有一些有趣的标志，它们会使你的游戏更加充满趣味性。

给学生的指导

1. 我们想想看，平时我们与别人交流时除了使用语言外还有哪些交流途径？（你可能得到的答案如文字、肢体语言、手势、绘画、艺术作品等。）

2. 今天我们打算通过图片的方式进行交流。接下来我会为大家展示一些样例，它们或是传达观点、或是讲述故事、或是提供信息、或是发出警告（教师可以通过下发图片或播放幻灯片的形式展示样例）。

3. 你们今天的任务是自己设计一个标志，标志展示的内容由你自己决定，你可以画两个握手的人表示他们是朋友，也可以做一个标志告诉人们他们即将到达的区域是轮滑公园。

4. 我们只是在做游戏，并不是参加比赛，所以大家不必担心，不必紧张，你们的作品不需要多么专业，这个游戏的重点在于大家的积极参与。

5. 如果你需要帮助，请举手示意我，我会到你身边与你交流想法。如果你很有艺术细胞，可以多帮帮身边的同学。

6. 你将有10分钟的时间创作图形标志。游戏结束之前我会给大家倒计时信号。创作时间结束后，大家就可以欣赏自己的作品了。如果你觉得自己的创作时间不够，也不要担心，游戏结束后你可以继续创作和完善，你也可以把未完成的作品带回家去充实完善，明天再把成品图带到教室来。

后续工作

把学生的象形标志作品张贴在班级留言板上，学生们可以看到彼此的作品，也可以就作品的表现内容展开讨论。

给学生们讲一节课，主题为"如何设计象形标志"，具体的授课内容你可以从图书中获得，也可以从网上丰富的资源中选取。

你还可以这样

教师事先设定3~4个话题供学生们设计象形标志，比如情感类的发怒、恐惧、惊喜等，也可以是动作类的滑雪、滑冰、游泳等。

76 诗图匹配

- **游戏目的：**语文课的破冰
- **适应年龄：**6岁以上
- **游戏时长：**10~20分钟，具体时间根据班级学生数量和年龄而定
- **游戏所需材料：**一些图片或插图，3~4首符合学生年龄的诗歌

准备工作

准备一些人物、动物、自然风光、抽象派、印象派艺术作品的照片、绘画等，也可以是熟人或陌生人的照片、画像。

选出3~4首符合学生年龄的诗歌，所选的诗歌应形象地表达出作者的情绪和情感。把诗歌复印若干份。

学生走进教室后给他们每个人一份诗歌，然后让大家在座位上快速浏览一下诗歌的内容。

给学生的指导

1. 众所周知，优秀的诗歌有赖于优秀的措辞，但我们今天除了用耳朵聆听诗歌美妙的韵律外，还要通过我们的眼睛和心来欣赏诗歌的魅力。

2. 我会选一名同学大声朗读每一首诗歌。不用担心，如果你们觉得自己腼腆，不喜欢读诗，我会给大家读诗，我很喜欢诗歌。读诗时应大声朗读，这样我们才能感受到诗人是多么认真地斟酌诗句。

3. 我们读完每一首诗后，我会让你们选出一幅画或是插图与诗歌的意境相匹配，你们将有______分钟的时间选择图片或插图。

4. 游戏结束之前，我会给大家发出倒计时信号，大家要把握好时间。好了，一切就绪，游戏开始。

后续工作

让选图配诗的学生展示他们选择的图片或插图，然后让他们解释一下这样选择的原因。

你还可以这样

除了在班上大声朗读诗歌外，还可以把学生们分成小组，每个小组内组员读诗并为诗歌匹配图片。学生完成匹配任务后，教师与每组的组员共同探讨他们的选择。

另外，教师还可以不用发诗歌给学生们，而是以幻灯片的形式给学生们展示诗歌，然后让学生们为诗歌匹配图片。

教师也可以不给学生们发诗歌图片，而是给学生们提供马克笔或颜料，让他们自己画出诗歌所体现出的意境。

77 修订文字内容

- **游戏目的**：语文课的破冰
- **适应年龄**：7岁以上
- **游戏时长**：10~20分钟，具体时间根据班级学生数量和年龄而定
- **游戏所需材料**：含有语病和错别字的文章（信件和杂志上的文章均可）

准备工作

准备一些适合学生年龄的信件或杂志文章，然后以其内容为蓝本在文章中设计并找出一些语病或错别字，你应该准备一份正确的内容供参考。把带有语病和错别字的文章复印多份，确保每个学生人手一份。

学生们进入教室后，给每个学生发一份。学生就座后，让他们快速浏览文章的内容并等你说明游戏规则。

游戏开始之前，把学生们分成两人一组，另外请一定确保全部学生都参与其中，不要把任何学生遗漏在游戏之外。

给学生的指导

1. 如果你仔细观察，你会发现我给大家的文章中含有语病和错别字。实际上，文章中含有______处错误。

2. 你们的任务是与你的搭档合作，找出文章中的错误并加以改正。

3. 当你们找到所有的______处错误后请举手向我示意，我会来到你们旁边看看你们改对了多少处错误。

后续工作

修订游戏结束后，教师可以请学生们解释错误产生的原因。如果有学生主动请缨，全班学生应该给予其掌声鼓励。

接下来，教师可以让学生们自己选定文章并在其间故意设置语病和错别字，然后每个小组的两个学生互换文章并改正文章中的错误，最后确定他们是否正确修订了文章中的所有错误。

你还可以这样

为了增加游戏难度，教师可以不告诉学生们文章中含有多少处错误，而是让他们尽力查找更正错误，最后确定他们是否正确修订了文章中的所有错误。

78 引言

- **游戏目的**：语文课的破冰
- **适应年龄**：8岁以上
- **游戏时长**：10~20分钟，具体时间根据班级学生数量和年龄而定
- **游戏所需材料**：名人名言集、厚卡片、马克笔

准备工作

准备一些适合学生年龄和能力范围的引言，然后把每个引言写在一张卡片上。

下面为大家举几个例子。

除了你自己，没有人能使你感到自卑。——埃莉诺·罗斯福

你正确并不意味着我错了。——爱丽丝·约翰逊

如果你的唯一工具是把锤子，你会把你遇到的每个问题当作钉子。——佚名

真正的失败者是那些不愿意尝试的人。——佚名

学生们走进教室后，给每个学生发一张引言卡片，然后让学生坐到自己的座位上仔细思考引言传达的意思。

给学生的指导

1. 每个同学手中有一张引言卡片，你们的任务是通过阅读卡片上的引言理解其中蕴含的道理及它对你的影响，它对你、对同学们、对学习者的意义。

2. 你有______分钟的时间思考并写下答案。本次活动只是一个小游戏，并非考试，所以希望大家积极参与，不必有压力。

3. 游戏结束之前，我会为大家倒计时，请大家把握好时间。

4. 回答时间到后，我将让你与大家分享你的答案。如果你不好意思分享你的答案，不必担心，你可以把它交给我，由我替你读出来。

后续工作

让每个学生分享他们手中的引言及他们对引言的理解，然后在班上讨论每个引言。大家对每个引言的理解是否都相同呢？这些引言为什么会闻名遐迩呢？

让学生们把所有引言写在厚卡片上，然后把学生分成小组描述引言内容。游戏结束后把这些引言贴在墙上或是留言板上供全班学生学习。

你还可以这样

除了给每个学生发不同内容的引言卡片外，教师还可以把学生分成几组，然后给每个组发一则引言供他们讨论，再让学生们把他们的观点说出来与其他学生分享。

这个游戏的另外一个玩法是全班共同讨论一则引言，让学生们把自己的想法写下来。学生们写完自己的想法后，教师把内容收集起来并在班上读出一部分学生的观点。读时教师不要提及作者的名字，这样一来，学生们会欣然聆听其他人的观点。

79 八字总结

- **游戏目的**：语文课的破冰
- **适应年龄**：9岁以上
- **游戏时长**：10~20分钟，具体时间根据班级学生数量和年龄而定
- **游戏所需材料**：白纸或厚纸板、铅笔、马克笔

准备工作

“八字总结”是一个很受学生欢迎的游戏，在网上有很多类似的游戏，教师们认为这是一个适合各个年龄段学生的游戏。

学生们进入教室后，给每个学生发一张白纸或厚纸板，然后让学生们坐到自己的座位上等待教师讲解游戏规则。

给学生的指导

1. 今天我们要做一个总结类的游戏。首先，让我们花一些时间思考我们的生活及生活中经历的林林总总。

2. 现在我们要讲述我们自己的生活故事，但只能用八个字描述。这个创意源于一本在线杂志，很多人玩过这个游戏，包括各个年龄段的学生。以下是一些例子：

熟能生巧而更熟练。

讨厌数学，喜欢科学。

有了小狗，生活无忧。

3. 你将有______分钟的时间写下自己的“八字总结”。不必担心自己写的内容不够完美，努力就好，而且请记住只要你写下的是八个字，你就不会有错，因为每个人都有自己的故事，每个人的经历可能迥然不同。

4. 我已经给大家发了铅笔，请大家用铅笔打草稿。如果你对自己写

下的内容不满意，你可以用橡皮擦掉重写，最后再用钢笔或马克笔把内容写出来。

后续工作

学生们写完八字总结后，让他们把自己的总结贴在班级留言板上，让全班同学都能看到。这也不失为一幅美丽的图画，更是一个好的话题。如果学生愿意，可以让他们讲述发生在自己身上的故事。

然后，把学生们的总结收集起来，几天之后，再把这些总结拿出来，看学生们能否把每一份总结发到对应的同学手里，这也是帮学生们记住彼此名字的一个好方法。

你还可以这样

如果时间允许，你可以让学生们为自己的总结配插图；如果课堂上的时间紧张，你可以让学生们以后再画。

80 图片猜谜

- **游戏目的**：语文课的破冰
- **适应年龄**：7岁以上
- **游戏时长**：10~20分钟，具体时间根据班级学生数量和年龄而定
- **游戏所需材料**：成语谜面、海报板、幻灯片展示、绘画用纸

准备工作

准备一些符合学生年龄的成语，这样当谜面展示给学生时，他们才能猜得出谜底。

用一张16开的画纸做一个成语谜面的模板，谜面页上画出12个方格，此12个方格的外框用粗线绘制，再复制出若干张这样的空白模板。

在模板上的每个方格中写下谜面，谜面的形式可以多样化，比如可以用文字的方向、形状、字体、字号作为线索。在网上你可以找到很多类似的例子，比如，

谜面为：9寸+1寸=1尺　　谜底为：得寸进尺

谜面为：不准超过十五分钟　　谜底为：刻不容缓

谜面为：二四六八十　　谜底为：无独有偶

谜面为：

宫	商
角	羽

谜底为：五音不全

谜面为：

此此此此此
此此此此此
此此此此此
此此此此举

谜底为：多此一举

谜面为：

十	
	石皮
又	

谜底为：支离破碎

给学生的指导

1. 我们这次要玩一个动脑筋的游戏，我们会看到一些文字或图片，然后大家根据你们看到的内容猜成语，我为大家准备了两个例子（给同学们展示两个谜面）。

2. 你们将有______分钟的时间猜谜语。这不是考试，只是一个动脑筋的游戏，因此与大家的成绩无关，所以大家尽量放轻松些。

后续工作

学生们根据谜面给出的线索写出自己的答案，你可能会遇到这样的情况：他们给出的答案与正确答案不一样，但也是正确答案。

让学生们自己设计谜面，或是把学生们分成小组再由每组学生设计谜面供学生们游戏之用。

你还可以这样

如果你的学生年龄较小，可以把模板中的方格数减少为4个。

如果条件允许，教师可以把游戏内容制作成幻灯片在课堂上给学生们播放，每次播放一个谜题。

如果你想增加游戏难度，可以从某个具体科目，比如美术、数学、音乐中选出术语名词等作为谜底，也可以从某个范围，比如电影、书名、运动项目中选出。

CHAPTER 8

第八章

让英语好记好懂的游戏

Swell Ideas For Errs

对于教师而言，能让学习者享受学习过程是他们的愿望。如果学生们能从学习中受到启发、感受到学习的乐趣和成就感，那么他们一定会爱上学习。

学生们做作业是再正常不过的事情，作业可以帮助他们扎实地掌握所学内容。很多国家把英语作为外语教学的重要组成部分，然而由于一些学生的课堂表现和考试成绩并不理想，他们渐渐对英语学习失去了兴趣。而根据我的经验判断，如果能给英语学习者提供学习平台和充足的素材，他们可以很自然地投入到英语学习中去。

为初级水平的英语学习者设计英语学习类游戏是一个很大的挑战，因为即便是很简单的游戏讲解也并不容易被他们理解，因此本章介绍游戏步骤的形式与前面章节的内容有所不同，我们不再口头描述游戏规则，而是教师根据学生情况确定什么时候适合用言语，什么时候适合用肢体语言。

81 身体的部位

- **游戏目的**：让英语学习者熟悉课堂环境
- **适应年龄**：3岁以上
- **游戏时长**：10~20分钟，具体时间根据班级学生数量和年龄而定
- **游戏所需材料**：硬纸板、马克笔、身体部位的照片或图片

准备工作

在厚纸板上画出身体各部位，或是把身体各部位的图片贴在厚纸板上，然后在每个部位的旁边用英文写出部位名称，在厚纸板的背面只写出该部位的名称。

第一步：选出一张有身体部位和名称的卡片，教师把该卡片举高并读出该部位的名称，同时在自己的身体上指出该部位，重复读出该部位并要求学生们触摸自己的对应部位。

选择另外一张卡片，重复以上动作：读出卡片上的词，触摸该部位，要求学生们触摸该部位。重复这些动作一共完成5张卡片（我们的记忆一般一次只能接受5~9个新信息，所以一次给出的信息量不能太多）。

第二步：用这些卡片的背面再次玩这个游戏，因为这些卡片的背面只有文字，所以学生们不再有图片信息提示。教师把一张卡片举起，读出卡片上的文字，然后看看有多少学生能够触摸到该部位。

再次重复这些动作一共完成5张卡片，这次教师不再为学生们展示卡片，只是读出身体部位的词。

第三步：再介绍5张新的身体部位卡片，然后重复第一步和第二步。

第四步：按顺序触摸身体部位，然后说出每个部位的名称，比如眼睛、耳朵、鼻子，或膝盖、脚踝、肩膀，然后让学生们模仿你的动作并说出身体部位的名称。学生们掌握了这部分内容之后，你可以去掉动作，

提高游戏难度，即加上双手动作，比如膝盖、耳朵、头发。

第五步：在游戏过程中，除了让学生们知道身体各部位名称的英语读法外，还可以加一些与这些部位相关的动作，比如挥手、抬胳膊、跺脚、睁眼等，当然也可以加入词组，比如挥动你的双臂、抬起你的右脚、跺你的左脚，张开你的嘴巴，等等。

82 我们一起聊聊天

- **游戏目的**：让英语学习者熟悉课堂环境
- **适应年龄**：6岁以上
- **游戏时长**：10~20分钟，具体时间根据班级学生数量和年龄而定
- **游戏所需材料**：大张美术纸或海报纸

准备工作

准备一些适合学生年龄的英文二人对话，对话的主题要能让学生有话可说，比如社会活动，学校举办的文化活动，学生们的兴趣爱好，学习科目等。

把每个对话内容写在大张的美术纸上，字要够大，可以保证坐在最后排的学生也能清晰看到对话内容。在每个对话上方写出对话的场景，比如放学后，午饭期间，踢足球时，参观动物园，在电影院，等等。

把每个对话的标题写在单独的两张纸上作为分组之用。

第一步：教师随意选出一个对话并读出该对话的标题和对话内容，让学生们掌握正确的语音语调。

第二步：安排有朗读意愿的学生分角色朗读对话，可以多次朗读每个对话。

第三步：选择另外一个对话，然后重复第一步和第二步。

第四步：把事先准备好的写有对话标题的纸随机发给学生们，给他们1分钟的时间找到与自己的对话标题相同的同学，这个同学就是他们的对话搭档。如果班级的人数不能被2整除，则教师可以参与到游戏之中。

第五步：每组搭档一起练习他们手中标题对应的对话，5~10分钟后，把他们手中写有标题的纸收上来，打乱顺序后重新发给学生们，重新分配搭档，继续练习对话。

83 从头到脚

- **游戏目的**：让英语学习者熟悉课堂环境
- **适应年龄**：7岁以上
- **游戏时长**：10~20分钟，具体时间根据班级学生数量和年龄而定
- **游戏所需材料**：有英文标注和没有英文标注的人体部位图

准备工作

画出人的大体轮廓，然后标出一些人体的部位，你可以在网上找到类似的模板。

如果不方便上网，则可以自己在纸上画出人的轮廓并用英文标出人体部位的名称，比如头、眼睛、鼻子、耳朵、嘴、脖子、下巴、肩膀、胸、手臂、肘、腕、手、手指、腹部、腰、臀、腿、膝盖、脚、脚跟、踝骨、脚趾。

制作一份只有人形轮廓没有英文标注的模板，网上也有类似的模板。

为每个学生准备有英文标注和没有英文标注的纸张各一份，也可以准备一大张纸，在纸上画出人形轮廓，并标注人体部位的英文单词，然后贴在黑板上。如果教室有投影仪，还可以把标有人体部位名称的人形轮廓投影在墙上或幕布上。部位名称字体要够大，以保证每个学生能够清楚看到。

第一步：给每个学生发一份有英文标注的人形轮廓图，教师领着学生反复读出每个人体部位的名称。读身体部位的单词时，要求学生们触摸该部位（有动作的阅读可以加深记忆）。

第二步：随机选择一个身体部位并读出该部位的英文，让学生们在人形轮廓图上指出这个部位并重读这个单词。

第三步：让学生们把标有英文部位名称的人形轮廓图正面朝下放在

桌子上，教师说出某一人体部位的单词，学生们指出是身体的哪个部位。

第四步：教师把标有英文部位名称的人形轮廓图收集起来，或是把大张的标有英文部位名称的人形轮廓图从黑板上拿下来，或是关上投影仪，总之，不要让学生们看到有英文标注的人形轮廓图了。

第五步：把学生们分成两人一组，给每组发一张没有标注英文部位名称的人形轮廓图，然后看看有多少学生能够正确写出所有的部位。

后续工作

第二天及一周以后重复第五步作为复习。

你还可以这样

如果你的学生年龄较小，则应该减少游戏中出现的身体部位名称，以免造成混淆。游戏之初只列出5~10个身体部位的名称，然后每天增加几个，直到学生们能熟练认出所有身体部位的英文单词。

84 教室购物

- **游戏目的**：让英语学习者熟悉课堂环境
- **适应年龄**：7岁以上
- **游戏时长**：10~20分钟，具体时间根据班级学生数量和年龄而定
- **游戏所需材料**：活页夹、螺旋形活页簿、稿纸、铅笔、钢笔、订书器、曲别针、白纸、荧光笔

准备工作

把学习用品摆放在教室的各个位置。写一些购物清单，每个购物清单上需要“采购”的学习用品各不相同，比如一份购物清单是这样的：

2打螺旋形活页簿 5张稿纸 3本白纸本 1个订书机 15个曲别针 1支黄色的荧光笔

而另外一份购物清单是：

2支蓝色的荧光笔 1个订书机 2盒订书钉 4个黄色的曲别针 1个活页夹

购物清单写好后，复印成若干份。

可选：给学生提供购物袋。

第一步：给每个学生一份购物清单（如果你为学生准备了购物袋，则连同购物清单一同发给学生们），给每个采购员3分钟的时间采购他们购物清单上的物品。

第二步：核对采购回来的物品与购物清单上写着的物品是否相同。然后就物品的颜色、数量及名字称进行讨论。

第三步：让学生们把这些物品重新放在原来的位置上，这个步骤最好给学生们一个时限，这样做会给他们动力。

第四步：学生之间彼此交换购物清单，重复游戏。

你还可以这样

如果班级学生较多，可以先把学生们分成小组，然后每组组员共同完成采购任务。这个游戏也可以换一种玩法，即教师不必准备真的学习用品，而是用学习用品的图片来代替实物，这样可以准备出充足的“货品”，可供几个学生按照各自的购物清单同时采购。

给学生们提供纸和笔，再给他们提供购物背景信息，比如要去海边，去旅行，去看篮球比赛，去野餐，去探望祖父母等，然后让学生们根据不同的活动写出一份购物清单，之后让学生们说明他们的购物清单上写出了哪些物品。

特别说明：在做这个游戏的时候，你可以让当地的一些企业负责提供学生们活动所需的购物袋并赞助相关文化用品。许多企业愿意为学校提供赞助，换个角度来讲，这也是他们的营销策略之一。

85 图片配对

- **游戏目的**：让英语学习者熟悉课堂环境
- **适应年龄**：5岁以上
- **游戏时长**：10~20分钟，具体时间根据班级学生数量和年龄而定
- **游戏所需材料**：硬纸板、粗马克笔、图片

准备工作

找10~20张人物、地点、动物、常见物品的图片构成一个图片组。根据班级人数把这组图片复制，使每个学生人手一套图片组。

把每张图片上人或物的英文名字用大字写在单独的硬纸板上，每张纸上只写一个名字。

第一步：给每个学生发一套图片组。

第二步：每次举起一张名字卡片，大声读出上面的英文，然后要求学生们跟着你读出英文并举起手中对应的图片，这样重复两三次强化练习。

第三步：从名字卡片中随机选出一个名字，然后把这个名字举起来并大声朗读这个词，让学生们跟着你读出这个词，同时举起自己手中该词对应的卡片。

第四步：反复做这个动作，但不给学生们看名字卡片，只是读出这个词并要求学生跟着你读出这个词，同时举起自己手中该词对应的卡片。

第五步：这次，举起名字卡片但不读出名字，而是让学生们读出这个名字并举起自己手中该词对应的卡片。

第六步：最后一轮，教师不给学生们看名字卡片，只是读出这个词并让学生们举起自己手中该词对应的卡片。

后续工作

接下来学生们可以一起玩一个需要集中注意力的游戏。把所有的卡片正面朝下摆放在桌子上，学生们轮流翻开卡片，每人每次翻开两张卡片，看一下所翻开的两张卡片是否文图相符。如果两张卡片一张是文字，一张是图片，且正好匹配，则可以把这两张一起拿开；如果这两张卡片不符合以上条件，则应把它们重新正面朝下放在原处。当所有的卡片匹配完毕后，游戏结束。

你还可以这样

这个游戏也可以反过来玩，即教师拿着图片组，学生们拿着文字卡片。当教师举起某一张图片后，学生们一起举起对应的文字卡片并大声读出这个词。

如果学生的年级较高，则活动所需的游戏图片也可以适当提高难度，文字卡片上可以是词组或句子。比如，图片上可以是山间步行，在商店买鞋，参加婚礼，在饭店点菜等情景，其对应的文字也就是相应的英文短语或句子了。

86 听写修改训练

- **游戏目的**：让英语学习者熟悉课堂环境
- **适应年龄**：7岁以上
- **游戏时长**：10~20分钟，具体时间根据班级学生数量和年龄而定
- **游戏所需材料**：白纸、铅笔或钢笔，或是白板和可擦马克笔

准备工作

根据学生们的年龄和能力水平写出5~10个句子，句子中的词汇应在学生们的认知范围内。对于初学者，教师可以为他们准备简单句，而对于中级学习者和高级学习者来说，教师可以选一些复杂的句式，比如含有定语从句的特殊疑问句，含有表语从句的直接引语，含有虚拟语气的感叹句等。

第一步：首先给学生们听写每个句子，让他们把各个句子写在练习纸上。一定要让学生们接受这一步，有的学生很怕听写，因为他们总是担心自己写出来的句子不完整。此时为了让学生放下这种心理包袱，教师可以向学生们保证稍后会把正确的句子展示给大家，他们可以根据正确的句子改正自己的拼写错误和语法错误，并告诉学生们听写的目的是为了让大家把游戏所需要的句子写出来。大家不必担心所写句子出现错误，这个环节重在参与。

第二步：所有的句子听写完毕后，教师可以让有到黑板前默写意愿的学生到黑板前写出他写下的每个句子。

第三步：全班学生一起讨论每一个句子，找出句子中的错误并进行改正。学生们认为已经把所有的错误修订完毕后，由教师给出正确答案。

第四步：让学生们把自己的练习纸正面朝下放在桌面上，把黑板上的正确句子擦掉后再来做一次听写游戏。然后让一名学生把他们写出的

句子写在黑板上，其他学生一起讨论这些句子的正误，并对错误之处加以修订。

你还可以这样

让学生们自己编句子并给同学们听写句子，然后让志愿者把自己听写下来的句子抄写在黑板上，之后全班讨论每一个句子并做出一些必要的修订。

特别说明：我在教授非英语国家的学生时，常在课堂上用这个游戏。学生们很喜欢这个游戏，他们认为这个游戏在很大程度上提高了他们的听力和写作能力。实际上，很多美国学生虽然英语说得很棒，但是他们的写作能力也很一般，甚至有些学生的写作能力很糟糕——即便是他们写的简单句，句中也会有错误，因为他们不喜欢写句子，他们怕自己写不出优美的句子。经过一年的听写训练后，他们的自信心大幅提高，很多学生已经达到了GED（普通教育）水平。

CHAPTER 9

第九章 让阅读更流畅的游戏

Rev Up The Reading

学校的文化教育是一个人成功的关键，其中最关键的当属阅读理解能力的培养。没有优秀的阅读理解能力，每一科都会很难学，你甚至会觉得自己已经倾尽全力却收效甚微。

举例说明吧，如果一个学生无法理解某数学题的题干所陈述的内容，那么即使他的智商再高也无法得出正确答案，因此很多学校把对学生阅读技能的培养作为教学重点之一。教师们从自己的教学经验和国内外研究成果得知，如果学生的阅读兴趣较高，那么他们也会学得快。以我的个人经验和通过与阅读爱好者的交流，我总结了一些让学生们爱上阅读的游戏，还为他们准备了一些阅读素材，这些都会使学生们沉浸在阅读的乐趣之中，让他们流连忘返。本章为学生们设计的游戏旨在让他们体味到阅读的乐趣。

网络给予我们的启迪

随着互联网的普及和发展，网络给人们的生活带来了无限的便利，教育行业也深受其利。网络上的教学音频、视频等大大丰富了教师的教学生活，增强了他们的教学能力，激发了他们的教学潜能，所以我希望一线教师、教学管理者能充分利用网络资源，优化教学方案，改进教学方式方法，让网络也参与到传道、授业、解惑中来，使之在提升学生阅读理解能力中发挥其强大的媒体作用。

87 背对背阅读

- **游戏目的**：提高阅读能力
- **适应年龄**：7岁以上
- **游戏时长**：10~20分钟，具体时间根据班级学生数量和年龄而定
- **游戏所需材料**：适合学生年龄的故事或简单易读的图书

准备工作

如果你的学生年龄较小，可以为他们准备一些简单易读的图书；而如果你的学生所在的年级较高，则可以为他们准备一些娱乐性较强的故事或文章。无论是以上哪种情况，你都需要把阅读材料复印多份后分发给学生们。

如果你的学生年龄较小，你可以在教室中腾出一块空地，然后让学生们坐在地板上玩这个游戏；而如果你的学生年级较高或教室桌椅不易挪动，则可以按照下文的方法安排座位。

游戏开始之前，把学生们分成两人一组，具体的分组方法详见第二章的内容。如果学生数为单数，则你可以参与到游戏中，这样可以避免某个学生遗漏在外。

给学生的指导

1. 今天我们要做一个游戏，游戏的名字就叫“背对背阅读”，顾名思义，每组的两名学生背对背阅读。这样的阅读方式可以使同学们更专注于自己所阅读的内容，也更有利于同学们集中精力聆听。

2. 每组的两名同学轮流阅读，因此你们自行决定谁先来。

3. 当我宣布游戏开始后，第一个同学有______分钟的阅读时间。

4. 游戏结束之前，我会给大家发出倒计时信号，请大家把握好自己

的阅读时间。如果你们在我发出倒计时信号之前阅读完毕，那么你们可以选择再读一遍或静静地坐着等待倒计时信号。

5. 如果你没能在倒计时信号结束时完成阅读，也不必担心，因为这不是比赛，也不涉及竞争，只是一个让我们的大脑热身的听读游戏。

座位安排建议：年龄较小的学生可以坐在干净的地板上，年龄较大的学生可以背对背坐在椅子上或是背对背站在桌子旁。

后续工作

游戏结束后，让学生们针对此游戏给出反馈信息，让他们说出背对背阅读与面对面阅读的不同，说一说他们更喜欢哪种阅读方式。

你还可以这样

让每组的两名学生先背对背阅读故事，再面对面阅读，然后让他们反馈喜欢哪种阅读方式并阐述理由。

88 书籍交换

- 游戏目的：提高阅读能力
- 适应年龄：7~18岁
- 游戏时长：15~25分钟
- 游戏所需材料：大量适合学生年龄的书籍，索引卡

准备工作

准备一些适合学生年龄的小说和非小说类书籍（男生们更喜欢非小说类的书籍），也可以选一些不同难度的杂志，教师可以从学校或当地的图书馆借书或者是买一些低价的折扣书籍。

在每个学生的桌子上放一本书或一本杂志。

根据学生数量准备出相应数目的索引卡，把索引卡划分为左右两列，左边的一列应窄一些，能容下一个数字即可，然后在上面纵向写下数字1~5。

在黑板上（或投影幕布上）写出以下衡量标准：

1颗星　表示你讨厌这本书

2颗星　表示你不喜欢这本书

3颗星　表示这本书差强人意

4颗星　表示这本书非常棒

5颗星　表示你最喜欢这本书

当学生们走进教室后，给他们每个人一张标有数字的索引卡，然后让他们坐到自己的座位上简单浏览一下桌面上的书籍。

给学生的指导

1. 今天我们要做一个交换书籍的游戏，这个游戏主要是为了培养

同学们的独立阅读能力。大家一定要发现自己喜欢阅读哪类书籍，因为我们接下来要花费很长时间讨论你们喜欢的书籍并把讨论内容落实在笔头上。

2. 你们每个人的桌子上都有一本书，如果你不喜欢这本书也没关系，因为你仅仅有2分钟的时间浏览这本书，然后对这本书作出评价，评价标准是这样的（为学生们展示你指定的评价标准）。

3. 两分钟的阅读时间结束前，我会给大家发出倒计时信号。当你听到这个信号后，你还有30秒的时间把书名及你对这本书的评价写在索引卡上。

4. 全部书籍阅读完毕后，你的索引卡上写下了你浏览过的书籍及对每本书籍的评价，这样你就很清楚以后想阅读哪本书了。

后续工作

至少让学生们阅读5本书，如果时间允许，你可以让学生们再阅读5本完全不同类型的书籍。当然学生们在索引卡上记录的书籍及评价也就相应增加了。可以让学生们经常玩这个游戏，直到所有的学生找到自己喜欢的书籍。

某学生对他所阅读的书籍的评价：

a.《三个火枪手》 ☆☆☆☆☆

b.《留学生活》 ☆

c.《大发明家爱迪生》 ☆☆☆☆

d.《不抱怨的世界》 ☆☆

e.《她比烟花寂寞》 ☆☆☆

89 钓“词”

- **游戏目的**：提高阅读能力
- **适应年龄**：3~8岁
- **游戏时长**：10~20分钟，具体时间根据班级学生数量和年龄而定
- **游戏所需材料**：钓鱼竿、乒乓球、磁铁、厚纸板、马克笔、池塘

准备工作

准备与学生数量相等的乒乓球，用马克笔在乒乓球上依次写上数字。你可以多准备几个乒乓球，以备不时之需。然后把写有数字的乒乓球装进袋子里。

把厚纸板剪成小块儿，然后在每块厚纸板上用马克笔写上一个词，再在每块厚纸板的背面粘上磁铁。

在鱼线的末端固定一块磁性较大的磁铁，使之能够吸起之前准备的小块纸板背面的磁铁。

用较大的纸盒或塑料盒制作一个“池塘”，把纸鱼或塑料鱼贴在池塘内侧。

给学生的指导

1. 今天我们要一起玩一个“钓词”的游戏，每位同学会轮流参与游戏。

2. 首先，请每位同学走上前来，从我手中的口袋里随机取出一个乒乓球。

3. 手中拿着1号球的同学第一个来，请拿起这根钓鱼竿。

4. 现在，你需要用鱼竿从池塘中钓词（如果学生们无法钓到词，教师应该帮助他们），然后告诉大家你钓上来的词是什么（让学生们读出他们钓上来的词，然后再把钓上来的词放回到池塘中供其他同学再次

使用）。

5. 谁能用这个词造句呢？请举手回答。

6. 非常好，现在轮到第二位同学“钓词”了，请抽取到2号球的同学走上前来。

后续工作

让学生们围成一个圈，每个学生钓上来一个词后，让他们把自己钓上来的词高举并大声读出来，然后把这些词再放回到池塘里供其他同学再次使用。

你还可以这样

在大张的画纸上写下一些句子，每个句子中都有一个空格需要填的词使句意完整。当学生们钓上一个词后，让他们填入到合适的句子中完成句子。

对于年龄较大的学生，教师可以用一些较难的词汇或是本单元的新词。

90 现在我看清楚了

- **游戏目的**：提高阅读能力
- **适应年龄**：6岁以上
- **游戏时长**：10~20分钟，具体时间根据班级学生数量和年龄而定
- **游戏所需材料**：各种颜色的透明的阅读过滤器，白纸黑字的印刷材料，写有过滤器颜色名称的颜色列表（红色、紫色、蓝色、绿色、灰色、黄色）

准备工作

研究表明，半数以上具有阅读缺陷的人是由颜色敏感导致的。

准备各种颜色的透明的阅读过滤器。如果学校中没有这些物品，可以自行购买一些，或者也可以去文化用品店买各种颜色的透明书皮供游戏之用。

在教室里设置几个阅读点，然后在每个阅读点处放上白纸黑字的印刷材料连同两三个不同颜色的透明过滤器，再给每个学生一份颜色列表。

游戏开始之前，请大家保持安静，并集中注意力听教师讲解游戏规则。

把学生们分成小组，小组数要与阅读点的数量相同，然后每个阅读点分配一组学生。

给学生的指导

1. 今天我们要做一个试验来看看使用不同颜色的过滤器是否会影响我们的阅读。在每个阅读点你有两分钟的阅读时间。

2. 两分钟之后我会为大家发出时间已到的信号。

3. 当你们听到信号后，请大家在自己的颜色列表上圈出在该阅读点你认为有利于你阅读的颜色，随后你们即可去其他的阅读点体会其他颜

色的过滤器对你的阅读有哪些影响。

4. 当你们完成所有阅读点的阅读任务后，请回到自己的座位上并按顺序说出你的结果——什么颜色有利于你的阅读，什么颜色给你的阅读造成了负担。

后续工作

即使学生们对不同的颜色不敏感，他们可能也会要求用透明的、有颜色的塑料卡片阅读，因为他们觉得这样的阅读方式很有趣，甚至让他们陶醉在阅读中。有的学生认为用透明的有色过滤卡阅读可以大大增加他们的阅读能力，使他们的朗读更流利，这样的学生应该参加一些光敏感度测试，或是让他们的家长带孩子参加这样的测试。

91 三个故事

- **游戏目的**：提高阅读能力
- **适应年龄**：8岁以上
- **游戏时长**：10~20分钟，具体时间根据班级学生数量和年龄而定
- **游戏所需材料**：一些小故事、大张画纸、马克笔

准备工作

选择3个适合学生年龄的小故事，最好选取风格迥异、角色类型对比鲜明的小故事。把每个故事的前两页复制下来装订在一起，然后给每个学生发一份。

游戏开始之前，把学生们分成两人一组或多人一组。

给学生的指导

1. 我们将会看到3个不同故事的开头部分。

2. 阅读故事的方式由每组自行决定，每个小组的同学可以组内默读，也可以选出一个代表为组员读出故事内容。

3. 你们将有______分钟的时间阅读所有故事的开头部分，时间结束前我会为大家发出倒计时信号。

4. 读完后，你们的任务是组内讨论一个故事的开头应该具备哪3个元素才称得上是一个好的开头。

5. 在纸上写出你们的讨论结果，字体应大些，确保在远处也能看到。

6. 所以你们的任务是：读故事的开头部分，展开讨论，列出三个元素。

7. 请每个人来我这拿一份阅读材料，然后每个小组的同学一起读故事并展开讨论。大家注意了，阅读和讨论时请不要打扰其他组。

后续工作

安排每个小组为他们总结的内容设计一个题目，把题中的正确选项应用到故事中去，让学生们指出这些元素体现在故事开头的哪些位置，并用表格等醒目的方式展示结果。

让每一组向全班同学展示自己组的结果，结果展示完毕后送给他们热烈的掌声。

把学生总结的内容同参考书中的正确答案相对比，看看他们的总结是否正确。

你还可以这样

让学生们自己在电脑上操作，制作出他们想要展示的内容。

CHAPTER 10

第十章

让艺术深入心田的游戏

Artistic Experiences

艺术是我们生活中的一个重要方面。然而，尽管颜色和设计无时无刻不出现在我们的服装服饰、房屋装修及美食美酒中，它仍是我们容易忽视的一个方面。

尽管很多国家经历了经济萧条，但是学校在艺术方面的支出并没有减少，学校仍然把美术当作一门重要的教学科目。如果你们学校的教师和管理者也很重视艺术教育，我推荐他们多看一些网络的视频，只要在网上简单搜索一下你就能找到很多艺术方面的讲座。

艺术课充满着乐趣，然而很多学生在参加艺术活动时表现得忐忑不安。正如很多人认为自己有“数学恐惧症”一样，很多学生认为自己缺乏艺术细胞。他们可能曾经在小学或初中的艺术课上被老师指责过或是经历过某些艺术上的否定评价，甚至有很多优秀的成人加入到与艺术有关的项目后就会觉得焦虑不安，乃至烦躁、忐忑。我有个学生很有艺术天赋，但是在经历了数次打击后，她决定不再在培养艺术能力方面浪费财力了。

因此，在让学生们参与美术活动或游戏时，教师应该多多鼓励学生，让他们知道游戏的目的是让大家从美术中得到心灵的快慰与享受，世界上没有糟糕的美术作品。如果你想在美术课以外的课程中做与美术相关的游戏，可能有些学生会有逆反心理，他们甚至会大声反对或拒绝参与，如果发生这种情况也不必慌乱，可以让这样的学生做你的助理，与你一同准备游戏所需物品或材料。或者你可以与这些学生一组，共同参与到游戏中来，在游戏中应多多鼓励和帮助他们。请记住：人们拒绝参加艺术活动并不是他们缺乏创造力，而是因为他们恐惧。

92 动物雕像

- **游戏目的**：提高艺术修养
- **适应年龄**：6岁以上
- **游戏时长**：10~30分钟，具体时间根据班级学生数量和年龄而定
- **游戏所需材料**：自干型制模粘土

准备工作

你自己制作两个动物雕塑，其中一个是真实的动物，另外一个是想象出来的。

给学生的指导

1. 我们来一起想想我们最喜欢的动物和虚拟的动物，比如独角兽或小霍比特人。

2. 选择一个你最喜欢的动物，并在头脑中构思一幅它的图片。它的头和身体是什么样子？有什么样的脚？它有尾巴吗？尾巴是粗的还是细的，直的还是弯的？

3. 现在我们一起来用粘土制作它的雕像吧！这是我喜欢的两种动物的模样（为学生们展示你事先制作好的雕像）。

4. 我们有______分钟的时间制作雕像，不必制作得多完美，因为我们不是在比赛，游戏重在大家的参与。

5. 当你制作动物雕塑时，请思考一下你为什么选择制作这个动物呢？它有哪些地方吸引你？因为它长得漂亮？因为它很聪明？还是因为它很凶猛？

后续工作

如果你的学生腼腆，请他们欣赏同学们的作品并针对动物塑像展开讨论；如果学生们愿意分享自己的作品，可以让他们解释一下为什么会选择这种动物，比如“我选择熊是因为熊很强壮；我选择狗是因为狗很忠诚；我选择鸟是因为鸟可以在空中自由飞翔”。

你还可以这样

这个游戏可以作为其他活动的引子，比如有一个学生选择鸟，因为鸟可以在空中自由飞翔，那么就可以安排学生一个任务：让他们画出代表自由的符号。

这个游戏中除了可以要求学生们制作动物塑像外，还可以让他们制作自己或家人的塑像。

93 艺术和艺术家

- 游戏目的：提高艺术修养
- 适应年龄：5岁以上
- 游戏时长：10~25分钟，具体情况依学生的年龄和数量而定
- 游戏所需材料：知名艺术品的图片，硬纸板，索引卡

准备工作

搜集一些知名艺术品的图片，包括绘画、雕塑及其他艺术形式。然后把这些图片贴在硬纸板上，再把该作品的作者写在索引卡上，这就构成了一个组合。接下来你需要找到这些艺术家的照片，把他们的照片贴在另外一张索引卡上。这样，艺术作品、艺术家的名字、艺术家的照片这三张卡片就成了一套卡片。

根据班上学生的人数将其分为3人一组。如果学生数不能被3整除，余下的两人为一组；如果只余下一个人则你可以参与进去或是把这个学生与某三人组平均分成两人一组。最终分成了多少组就制作多少套卡片，两人一组的每套制作两张卡片即可。

学生走进教室后，给每个人一张卡片。这样，有的学生拿到的是著名作品的卡片，有的学生拿到的是艺术家名字卡片，有的学生拿到的是艺术家照片的卡片。

给学生的指导

1. 现在每位同学有一张卡片，有的同学拿到的是艺术家名字卡片，有的同学拿到的是艺术家照片的卡片，有的是艺术作品卡片。

2. 我们的游戏任务是把艺术家的名字、照片及他们的作品匹配起来。

3. 你们有______分钟的时间完成匹配，同时你们也借此找到了自

己的搭档。

4. 当大家都找到了自己的搭档后，接下来的任务是每组组员根据3张卡片回答以下3个问题：

你认为这名艺术家创作这个作品的灵感是什么？

你认为人们第一眼看到这幅作品的感受如何？

如果你是博物馆管理员，你会把这幅作品展示给公众吗？

后续工作

请每组给全班同学展示他们手中的艺术作品并说出以上3个问题的答案。每组可以派出代表回答，也可以以团队的形式一起回答。

你还可以这样

如果学生年龄较小，可以为他们选择美术课本中的图片或是动画片中的卡通形象，比如白雪公主、奥特曼、喜羊羊等，再把这些卡通形象的名字写在另外一张卡片上，学生们就可以玩匹配游戏了。

识字不多的幼儿园小朋友也可以玩这个游戏，只需要教师给学生们读出卡片上的名字就可以了。可供他们一起讨论并回答的问题有：你认为这个图片给你什么样的感觉？为什么会给你这样的感觉？

94 头和肩膀的轮廓

- **游戏目的**：提高艺术修养
- **适应年龄**：5岁以上
- **游戏时长**：10~20分钟，具体时间根据班级学生数量和年龄而定
- **游戏所需材料**：大张美术纸、铅笔、马克笔

准备工作

把大张美术纸切成若干张书本大小的纸，用粗马克笔在第一张纸的左上角标上数字1，再在另外一张纸上也标上1，一套匹配纸就制作完成了。把班上的学生分为两人一组，如果学生数不能被2整除，教师可以参与到游戏中，以保证全班学生无人被遗漏在外。根据分组情况，制作出与学生小组数相同套数的匹配画纸，并依次在每一套画纸的左上角标明数字。

在画纸上画出你自己的头和肩部的轮廓，然后简单画出头发、五官和服饰。用文字或图画来描述你的兴趣爱好及最喜欢的宠物。

游戏开始之前，请同学们注意听你讲解游戏规则，然后再给大家发放美术纸和铅笔。

给学生的指导

1. 你们今天有两个任务，第一个任务是找到自己手中美术纸左上角的数字，当我宣布游戏开始后，你们将有______分钟的时间找到与你的美术纸上数字相同的同学。

2. 大家都看到自己手中美术纸左上角的数字了吧？时间结束前我会为大家倒计时，请大家把握好时间。好，预备，开始！

3. 非常棒！现在请大家用我发给你们的铅笔在美术纸的数字旁边写

下自己的名字（等待学生们写下自己的名字）。

4. 接下来就是游戏的第二个任务，大家轮流站在旁边，由你的搭档用铅笔为你画出头和肩部的轮廓（你为大家作示范）。

5. 每组都画出组员的轮廓之后，你可以再用马克笔描画一次使轮廓更清晰，然后简单画出头发、五官和服饰（你为大家作示范）。

6. 最后，在你们的美术纸上画出你的兴趣爱好或宠物，你的作品就完成了。

后续工作

把所有学生的作品贴在班级墙上，一个班级合影就完成了，学生们可以一起讨论彼此的作品。

你还可以这样

你也可以不让学生们自己画头和肩部的轮廓，而是给他们提供印有人形轮廓的模板，这会节省一些时间。

95 拼贴画

- **游戏目的**：提高艺术修养
- **适应年龄**：5岁以上
- **游戏时长**：10~25分钟，具体情况依学生的年龄和数量而定
- **游戏所需材料**：海报板或厚纸板，生活中的杂物，剪刀，胶棒，马克笔，颜料和画笔（可选），剪线器（可选）

准备工作

为大拼贴画准备一张海报板，或是为每个学生准备一张小厚纸板制作小拼贴画。

准备一些生活中常见的、可以粘在纸上的物品，如纽扣、旧布、电线、麻绳、纱线、丝带、旧杂志或旧挂历、牙膏盒、爆米花的包装盒、布娃娃的塑料眼睛、彩色的备忘贴、美工纸、小玩具、豆子，等等。

你事先制作好一幅拼贴画，用于课堂讲解。

给学生的指导

1. 除了用语言介绍我们自己外，我们还可以借助拼贴画展示我们的个性。这种介绍没有正确与错误之分，唯一的要求是你要把自己的名字用某种方式体现在你的作品中。

2. 你可以使用我为大家提供的所有材料。请大家共用胶棒、剪刀及其他工具。

3. 你有______分钟时间创造自己的拼贴画，还剩2分钟时，我会给大家发出信号，请大家把握好时间。

后续工作

你可以在电脑上展示学生们的拼贴画作品，也可以把作品挂在墙上供学生们欣赏或讨论。

许多学生较为腼腆，他们可能不愿意展示自己的作品。但如果你的学生都比较外向，你一定要给他们展示作品的机会并让他们解释一下他们的创作灵感和初衷。

你还可以这样

除了创作展示自己个性的拼贴画外，你还可以让学生们以“学校风光”为题来创作拼贴画，抑或是让他们自拟主题。

96 剪影

- **游戏目的**：提高艺术修养
- **适应年龄**：6岁以上
- **游戏时长**：10~20分钟，具体时间根据班级学生数量和年龄而定
- **游戏所需材料**：乒乓球、聚光灯、画纸、铅笔（或蜡笔、马克笔）、生活中的杂物

准备工作

搜集一些可以粘在纸上的轻质杂物，比如棉花、棉线，或是一些可循环使用的包装材料，如泡沫塑料等。

把画纸剪成若干大张，发给每个学生一张。制作一幅自己的剪影作为样本展示给学生们，你的作品要符合学生的年龄段，因为他们可能会模仿你的风格。

把聚光灯打开照在墙上，你做一个示范：面对着墙站立，这样就形成了一个剪影效果，然后让学生们也用这样的方法制作自己的剪影效果。

在乒乓球上画出不同的图案，但应保证每两个乒乓球的图案相同，稍后可以用乒乓球给学生们分组。乒乓球上的图案设计完成后，把所有的乒乓球放在一个袋子里。

学生们走进教室后，让每个人从袋子里取出一个乒乓球。

给学生的指导

1. 你们今天的第一个任务是找到你们的游戏搭档，他/她的乒乓球与你的乒乓球图案相同。

2. 接下来，我们要画出我们的剪影。如果你比较有把握，可以直接用马克笔在画纸上画出剪影效果；如果你不是很有把握能画得好，可以

先用铅笔打草稿，然后再用马克笔把铅笔笔迹覆盖。

3. 我们绘制好剪影效果后，就可以开始个性化绘画了。在剪影效果图上画出你的特点。你可以使用我为大家准备的颜料、马克笔、蜡笔或教室中所有你能看到的绘画材料。我现在为大家展示一下我自己的剪影个性图（为学生们展示你创作的剪影作品）。

4. 你将有______分钟的时间做这个游戏。离创作结束时间还有2分钟时，我会为大家发出倒计时信号，大家听到信号后请注意把握时间。

后续工作

把每个学生的个性化创作贴在教室的墙上，然后看同学们是否能够认出图片中画的是谁。学生们可以欣赏彼此的作品，也可以就所见所感展开讨论。

你还可以这样

如果游戏时间有限，可以省略第三步这个环节，等以后时间充足时再进行个性化创作。

在索引卡上写出各种情感类的词汇，如喜欢、厌恶、恐惧、气愤、嫉妒等，然后给每个学生发一张索引卡，让他们在剪影效果图上画出索引卡上的情感。

97 报纸帽子

- **游戏目的**：提高艺术修养
- **适应年龄**：6岁以上
- **游戏时长**：10~20分钟，具体时间根据班级学生数量和年龄而定
- **游戏所需材料**：旧报纸、胶带（可选）

准备工作

至少制作两顶不同的报纸帽子作为样本展示给学生。做帽子时你要先测量额头及头顶的周长，使帽子大小合适。

在你讲解游戏规则的时候，可以戴一顶用报纸制作的帽子，这样的讲解才更形象，也更吸引学生的注意力。

这个游戏看起来有点儿傻傻的，但其实是个很有趣的游戏，很多成年人也玩过这个游戏并从游戏中体会到快乐。当你把看似一文不值的旧报纸制作成精美的帽子时，成就感就会油然而生。用报纸制作的帽子也可以有不同的设计，表达不同的思想。

给学生的指导

1. 你们今天的任务是用报纸制作一顶帽子。游戏开始后你会惊奇地发现你可以做出很多顶不同造型的帽子，比如，带耳朵的，带触角的，以及各种形状的。

2. 我们有______分钟的时间制作帽子，还剩2分钟时，我会给大家发出倒计时信号，请大家把握好时间。

3. 如果有同学向你求助或征求你的建议，请给他们提供帮助，我们提倡互相帮助、共同进步。

4. 好了，游戏开始吧！我为大家准备了充足的旧报纸，大家请自便。

后续工作

如果学生们很喜欢这个游戏，大家可以共同举行一个派对，每个人都戴上自己心仪的帽子在教室里走动，让其他人看到自己的作品，还可以让同学们猜猜不同的帽子代表什么。

如果学生们觉得只用报纸制作帽子有些难度，可以为他们提供胶带作为辅助材料。

你还可以这样

如果学生年龄较大，除了让他们制作报纸帽子之外，还可以让他们用报纸制作其他物品，比如教具、生活用品等。

98 锡纸塑像

- **游戏目的**：提高艺术修养
- **适应年龄**：7岁以上
- **游戏时长**：10~20分钟，具体时间根据班级学生数量和年龄而定
- **游戏所需材料**：锡纸（最好是干净的，可循环利用的）、索引卡、马克笔、胶带

准备工作

给每个学生准备充足的锡纸制作一个小的动物塑像。

你自己制作两个动物塑像样品：一个是现实存在的；一个是虚拟的。

学生走进教室后，给每个学生发一些锡纸、一张索引卡、一支马克笔。

给学生的指导

1. 你们的任务是只用锡纸这一种材料制作一个小动物，你们制作的小动物可以是现实存在的，也可以是虚拟的，比如怪兽或你想象中的动物。

2. 塑像制作完成后，请把你的作品贴在索引卡上并在索引卡的下方写上你的名字。

3. 如果你想给自己制作的动物塑像取个名字，可以把它的名字写在索引卡上。

4. 你有______分钟的时间制作锡纸塑像，游戏结束前2分钟我会给大家发出信号，提醒大家把握好时间。

后续工作

教师一边观看学生们的创作，一边鼓励他们。学生们完成自己的作

品后，教师让学生们解释一下他们的创作灵感及这个动物对他们来说意味着什么。

你还可以这样

教师也可以不指定创作主题，而是让学生们自由选择创作题材。完成作品后，让学生们互相辨认他们的锡纸作品是什么物品，然后学生们共同探讨，看看还有哪些方面存在可以改进之处。如果学生们不想讨论，则可以让他们参观其他同学的作品。

99 我的世界之窗

- **游戏目的**：提高艺术修养
- **适应年龄**：6岁以上
- **游戏时长**：10~20分钟，具体时间根据班级学生数量和年龄而定
- **游戏所需材料**：空纸箱、胶棒、马克笔、颜料和画笔

准备工作

为班上的每个学生准备一个空纸箱或是多个不同大小的盒子，把纸箱一侧的纸板剪掉，这样就形成了一个窗口。

准备一些容易粘贴的轻质杂物，比如纽扣、碎布、麻绳、棉线、旧杂志或旧挂历上的图片、棉球、皱纹纸、锡纸、面巾纸等。

你事先制作一个窗口盒作为样本，在窗口的边缘用颜料画一个窗框。这样，当箱子悬挂起来后，可以让大家觉得在看窗内的景象。在你的窗口盒的任意位置写上你的名字。

给学生的指导

1. 你们的任务是制作一个窗口盒用以描述你自己的小世界，你可以假设你在学校、在家中，或是在开展自己喜欢的运动项目，也可以把你的兴趣爱好表现出来。我先给大家看一下我制作的窗口盒（展示你的作品）。

2. 从我为大家准备的箱子或盒子中选出一个盒子制作你的窗口盒。

3. 你想展示的内容由你自己决定，我唯一的要求是把你的名字写在盒子上，当然，你要保持箱子整洁。

4. 你可以使用我为大家准备的所有的游戏材料，如果你需要的物品我没有提供，请告诉我。

5. 你有______分钟的时间来制作你的窗口盒，时间结束前2分钟我会

给大家发出倒计时信号，提醒大家把握好时间。

后续工作

把学生们创作的窗口盒挂在墙上，然后让他们欣赏并讨论彼此的作品。

如果是开学第一天做这个游戏，有的学生可能会觉得有些不好意思，他们可能更喜欢坐在自己的座位上。如果他们愿意介绍自己的作品，则应该为他们提供机会；如果他们不擅言谈，也不必勉强他们讲述创作初衷或心得。

你还可以这样

学生们制作的窗口盒除了可以展示他们自己的衣食住行外，还可以展示他们的家人、朋友，或是自己心爱的宠物。所以这个游戏除了限定话题外，也可以让学生们不受主题限制，自由发挥他们的想象力和创造力。

CHAPTER 11

第十一章

让音乐滋养情操的游戏

Musical Moments

音乐是一个很重要的教学工具，每个人的内心都能和音乐产生共鸣，而教师中的各种音乐流派在某种意义上来说激发了学生的学习热情，尤其是对于那些还不懂得隐藏自己情感的纯真孩童。

除了音乐教师外，其他科目的教师也可以从与音乐相关的游戏中受益。他们或是用音乐为载体，让学生们不知不觉地走进自己的科目；或是在自己的课程内容中糅入音乐元素；也有的教师喜欢用与音乐相关的游戏开始一节课。有些教师还把音乐融入到了他们教学的方方面面，他们用音乐作为某个学习任务的开始或结束的信号，开启学生交流时间，也用音乐来间隔游戏的不同部分。

互联网作为新媒体为教学提供了丰富的音乐资源，网络上有很多网站专为学生提供适合他们年龄的音乐，也有些网站为学生提供培养兴趣爱好的音乐。

100 打出你的节拍

- **游戏目的**：为音乐课开头
- **适应年龄**：7岁以上
- **游戏时长**：10~20分钟，具体时间根据班级学生数量和年龄而定
- **游戏所需材料**：索引卡、多种流派的音乐

准备工作

用索引卡制作一套音乐卡片，给每张卡片写上一种舞蹈类型的名字，比如恰恰、华尔兹、桑巴、波尔卡、探戈、狐步等。根据学生的数量把卡片复制后发给学生们，确保每个学生人手一张卡片。

学生们走进教室后，给每个学生发一张索引卡片。

游戏开始之前，提醒学生们注意听接下来的游戏规则，以保证游戏的顺利完成。

给学生的指导

1. 首先，同学们要分成小组玩这个游戏，你们将有______秒（或分钟）的时间找到与你手中卡片内容相同的同学。当你听到这个声音信号时，意味着这个环节结束（为学生们展示声音），开始。

2. 现在我们要回顾不同的舞蹈旋律，谁能告诉我华尔兹的节拍是什么样的？（找一个愿意回答这个问题的学生。用这种问题形式提问卡片上写的所有舞蹈类型的节奏。）

3. 好了，趁着我们的记忆还很清晰，我们来进行一个测试，看看大家是否掌握了游戏中舞蹈的节拍。我会为大家播放一些音乐片段，如果你确定这节音乐与你手中的舞蹈风格相同，请举起手中的卡片。

后续工作

讨论各种舞蹈的来源，人们是在怎样的情况下创作了这种风格的音乐，然后让学生们自己创作音乐并为该音乐配上相应的舞步，最后与全班同学分享自己的创作灵感和作品。

你还可以这样

让鼓手根据所听到的音乐敲出对应的节奏。

对于水平较高的学生，可以在卡片上写出二拍子乐曲、a–b–a曲式、渐强音等，然后为他们播放这些音乐片段，让他们确定其对应的名称。

101 音画匹配

- **游戏目的**：为音乐课开头
- **适应年龄**：7岁以上
- **游戏时长**：10~20分钟，具体时间根据班级学生数量和年龄而定
- **游戏所需材料**：一些图片，多种音乐的片段

准备工作

搜集大量的图片、插画或抽象艺术作品，如果能搜集到一些旧音乐杂志或书籍的内页就更好了。

准备不同风格的音乐片段，最好选择不同乐器、不同调号的音乐。

给学生的指导

1. 音乐可以表达情感、加深记忆，人们在听音乐时视觉也会受到冲击。今天我们来玩一个与音乐有关的游戏，看看我们在听不同的音乐时"看到了"什么样的情景。

2. 下面我为大家播放音乐片段（在此之前，你要把事先准备的图片放在教室的各个位置）。

3. 每种类型的音乐我会播放______秒钟（分钟）。

4. 每支乐曲播放结束后，我将让同学们分享他们选择的图片并解释原因。

后续工作

把这个游戏转换一下，即用幻灯片展示一幅图片，或是你把一幅图片高举起来让学生能清晰看到，然后给学生们一些时间让他们即兴编一段音乐或是节拍来与图片匹配。

102 音乐情绪

- **游戏目的**：为音乐课开头
- **适应年龄**：7岁以上
- **游戏时长**：10~20分钟，具体时间根据班级学生数量和年龄而定
- **游戏所需材料**：音乐、白纸和钢笔或铅笔、亦或可擦马克笔和白板

准备工作

截取一些音乐选段，大概30~90秒的长度即可，音乐要特色鲜明、旋律悦耳、音质明亮。

学生们走进教室后，给每个学生若干张纸、一支钢笔或铅笔，当然也可以让学生们用自己的文具用品。学生们坐到自己的座位上后为大家播放柔和的音乐。

给学生的指导

1. 在做游戏之前，我想知道正在播放的音乐对你情绪的影响，它给你带来怎样的感受？（大家共同讨论。）

2. 现在我们会听一些不同风格的音乐选段。听音乐的过程中，请留意这些音乐对你情绪的影响，每个选段将播放______秒钟（分钟）。

3. 边听音乐边把你听音乐时的情绪或感受写下来，写得越多越好。

4. 音乐结束后，我会让同学们读出写下的内容。不用担心，如果你不愿意分享你的感受也没关系，因为这不是测试，你也不必担心答案对错与否，这道题并没有标准答案，因为音乐给每个人的感受都不同，并且我们都有自己的生活经历，所以不同的人听到同一首音乐的感受可能是大相径庭的。

后续工作

把学生们分成小组。用不同的音乐玩一次这个游戏，然后让学生们用至少20个词描述听到每一段音乐后的感受。

你还可以这样

听音乐时，学生们也可以不把答案写在白纸上，而是用可擦马克笔把答案写在白板上，每个学生可以写出多种感受。音乐结束后，让学生们讨论他们的感受（如果没有可擦马克笔和白板，也可以用大张画纸和马克笔来代替）。

103 这首歌是什么颜色的

- **游戏目的**：为音乐课开头
- **适应年龄**：7岁以上
- **游戏时长**：10~20分钟，具体时间根据班级学生数量和年龄而定
- **游戏所需材料**：歌曲，白纸和钢笔或铅笔，颜料表或色盘

给学生的指导

1. 游戏开始之前，让我们闭上眼睛聆听美妙的歌声，然后冥想一下这首歌对你来说是什么颜色的，我们每首歌听15~20秒的时间（停顿，放音乐）。

2. 你听到这首歌后首先想到的是哪种颜色？（让学生们分享他们的答案，然后大家共同讨论。）

3. 现在我们要听一些不同风格的歌曲，请注意音乐的声音、给听众的感受、音量等。如果你喜欢闭着眼睛欣赏音乐，就跟随你的习惯吧！每首歌曲我会播放______秒钟（分钟）。

4. 当你聆听音乐时，请把你感受到的颜色写下来。

5. 音乐播放完毕后，我们会比较一下，听同一首歌曲，不同的同学想到的颜色有什么不同。

后续工作

把学生们分成小组，用不同的音乐重复这个游戏。听完每首歌后每组至少要写出一个颜色，并说明选定这个颜色的原因。

104 歌词改编

- **游戏目的**：为音乐课开头
- **适应年龄**：7岁以上
- **游戏时长**：10~20分钟，具体时间根据班级学生数量和年龄而定
- **游戏所需材料**：学生熟悉的歌曲、索引卡、白纸、钢笔或铅笔

准备工作

准备一些学生熟悉的歌曲，并写出这些歌曲的创作时间及创作背景，比如《让我们荡起双桨》《雪绒花》《隐形的翅膀》《阳光总在风雨后》《海阔天空》《真心英雄》或是当前的流行音乐。把每首歌曲的名字分别写在两张不同的索引卡上，这样两张卡片就形成了一组。

把每首歌的歌词打印出来，等将学生们分成小组后给每个学生发一份。

学生们走进教室后，给每个学生发一张索引卡、若干张纸、钢笔或铅笔，这些文具也可以让学生们自己准备。

给学生的指导

1. 老师事先将每首音乐的名字分别写在了两张不同的索引卡上，拿着这两张索引卡的人是一个小组。我们开始这个音乐游戏之前，你的第一个任务是找到你的搭档。你有______秒钟的时间找到你的搭档，时间结束前我会提醒大家，请大家把握好时间。开始！

2. 你们接下来的任务是用______分钟的时间改写歌词，稍后我会给每个人发一份歌词，游戏结束前的1分钟我会提醒你们并开始倒计时。

注意：如果你的班级有刚从国外转来的学生，应该尽可能给他/她安排一个熟悉其所在国家文化的搭档，并为他们准备熟悉的歌曲。

后续工作

让每组展示改写后的歌词，然后让其他学生尝试还能否猜出这原本是哪首歌。

你还可以这样

你也可以不让学生们改写歌词，而是让他们改变歌曲的曲调风格，比如把流行音乐改成古典音乐。

如果教室里有电脑，则可以让学生们把改写的歌词输入到电脑里。

CHAPTER 12

第十二章

让科学反映生活的游戏

Scientific Suggestions

科学是一门自然学科，因此与其相关的活动也离不开自然元素。人类不断的探索是自然科学发展的动力，而这种探索与我们的大脑关联紧密。这种探索不是因为无聊，而是为了生存。

我们大脑的左半球在不断地接收着来自外部的刺激。当教师给学生们提供新的游戏时，他们是在让学生们的大脑参与进来，学习新知识、新技能。

在本章的所有游戏中，“堆纸成楼”来源于一个公共服务网站www.pbskids.org/zoom。这个网站同时还提供很多课程和活动，其中的很多内容是由学生自己设计的，所以它对于学生和教师来说是个不错的网络资源。

105 动物匹配

- **游戏目的**：为科普活动课开头
- **适应年龄**：7~18岁
- **游戏时长**：10~15分钟，具体时间根据班级学生数量和年龄而定
- **游戏所需材料**：图片、名字、描述卡片、海报板或白纸、马克笔

准备工作

准备一些生物的照片，比如家禽、野生动物、昆虫、节肢动物、两栖动物，等等。如果你的学生年龄较小，应该准备他们熟悉的动物的照片；如果学生年龄大些，则应该提高游戏难度，准备一些不同种属的动物图片。

把每个生物图片中的物种名写在一张单独的卡片上，然后再在另外一张卡片上写出每个生物的描述性文字。

当学生们走进教室后，随机给每个学生一张动物卡片、名字卡片或文字描述的卡片。

游戏开始之前，给学生们展示声音信号。

给学生的指导

1. 每位同学的手里都拿着一张动物卡片或一张名字卡片亦或一张文字描述的卡片。

2. 当我发出开始信号后，你将有______分钟的时间找到与你手中卡片内容相匹配的同学。

3. 你们三个人就形成了一个小组，然后你们的任务是用你们手中的内容制作一张海报，并为海报上的主角补充一些信息。

后续工作

让每组学生在全班同学面前展示他们的海报，每一组可以选出一个发言人来介绍海报内容，也可以整个小组共同展示海报。

如果时间允许，可以让学生们搜索更多的信息来完善海报的内容，比如海报中的生物是如何被发现的，寿命有多长，生活习性，等等。

你还可以这样

教师可以为学生们多准备一些照片，确保他们人手一份，然后给他们安排一个任务：查阅书籍或上网搜索图片上动物的相关信息，完成任务后让他们分享劳动成果。

如果你的学生还不识字，每种动物可以准备两张图片，然后给每个学生发一张图片。拿着同种动物的不同图片的两个学生就会成为搭档，然后教师会告诉学生们他们手中的动物叫什么，之后学生们来分享他们所知道的该动物的相关信息，课后还可以让学生在家长的帮助下了解到更多的信息。

这个游戏还可以演变成“集中注意力”的游戏。把学生们分成若干小组，给每个小组发几个动物名称和图片的组合，然后让他们玩“集中注意力”的游戏。首先把所有的卡片正面朝下放在桌子上，然后让小组成员轮流掀开两张卡片，如果这两张卡片恰好是同一种动物的名字和图片，则这两张卡片就可以拿开，如果不是，则应把两张卡片放在原来的位置上。

106 化学元素对应游戏

- **游戏目的**：为科普活动课开头
- **适应年龄**：7岁以上
- **游戏时长**：10~20分钟，具体时间根据班级学生数量和年龄而定
- **游戏所需材料**：写有化学元素名称的卡片，写有化学元素符号的卡片

准备工作

把学生们分成两人一组，制作出与学生小组数相同数量的卡片组。每个卡片组由两张卡片组成，一张卡片上写有化学元素名称，另外一张卡片上写有该化学元素的符号。比如一张卡片上写着钡，另外一张卡片上写出它对应的符号Ba，这样就构成了一组图片；再比如一张卡片上写着化学元素银，另一张卡片写上Ag，也构成了一组卡片。教师在准备卡片组时可以多准备出两三组以备不时之需。

把所有的卡片打乱顺序，当学生们走进教室后，随机给每个学生一张卡片。

给学生的指导

1. 每位同学手里有一张卡片，上面或写有化学元素名称，或写有化学元素符号，你们的任务是当我宣布游戏开始后，找到与你拿有相同元素卡片的同学。

2. 你将有______分钟的时间找到你的搭档，游戏结束之前，我会为大家倒计时，请大家把握好时间。

3. 当你们找到自己的搭档后，接下来的任务是借助课本、电脑或参考书的帮助画出该元素的原子结构。下面我给大家举一个例子（给学生们展示一个元素的原子结构图）。

让学生们展示他们绘制的原子结构图，然后把所有化学元素的原子结构图贴在教室的墙上。

后续工作

如果时间允许，可以让学生们自己制作成套的化学元素卡片，每一套要包含某种元素的名称及元素符号，然后用这个玩“集中注意力为化学元素配对”的游戏。游戏规则如下：让学生们把一套化学元素卡片倒扣在桌面上，然后每个学生轮流把卡片翻开。每次翻开两张，看一下是不是同一化学元素的名称和符号。如果这两张正好属同一元素，则该学生可以把这两张卡片拿起来一起放在旁边，直到所有的卡片匹配完毕为止。

你还可以这样

对于年纪较小的孩子而言，教师应该使用他们熟悉的元素做游戏，比如钙，铁，锌等；而如果你的学生年纪较大，则游戏的难度应该适当增加，你可以使用一些较为生僻的化学元素，比如镧、铈、锫等。

如果你的教室或图书馆有网络和电脑，可以让学生们访问下面的网站：www.chemicalelements.com。

在这个网站上学生们可以看到化学元素周期表。当你点击某个元素后，该元素的相关信息——比如原子结构、在元素周期表中的排序、质量、熔点、沸点、密度、颜色等都会显示出来。

107 那是事实吗

- 游戏目的：为科普活动课开头
- 适应年龄：7岁以上
- 游戏时长：5~15分钟，具体时间根据班级学生数量和年龄而定
- 游戏所需材料：海报板或幻灯片和投影仪，
  15厘米×20厘米的索引卡，马克笔

准备工作

制作一张海报或是一个幻灯片，里面应包含科学事实和错误的论断，比如：

简单的：蜘蛛是昆虫。

中等难度的：太阳到地球的距离是93,000,000公里。

难的：柠檬是酸味食物，但当我们把柠檬吃到肚子里后，它在我们身体里起碱性作用。

给每个学生两张索引卡和一支马克笔。

给学生的指导

1. 今天我要给大家看一些句子，这些句子里有些是事实，有些是谬论。本游戏与你们的期末成绩无关，它只是我们学习科学的热身活动。

2. 你们的第一项任务是在一张索引卡上写上“正确”，在另外一张卡片上写上“错误”，字要写得大些，要能让我看见。你有______秒钟（分钟）的时间写卡片，开始。

3. 接下来，我会为大家展示一张海报（幻灯片），你将会看到一些句子，你们的任务是判断哪个句子中陈述的是事实，哪个句子陈述的是错误的论断。如果你认为该句子陈述的事实是正确的，请举起你手中写有

"正确"字样的索引卡；如果你认为该句子陈述的事实有错误，则举起写有"错误"字样的索引卡。

4. 你将有______秒钟（分钟）思考时间并作出回答，思考时间结束前，我会给大家倒计时信号，请准备给出答案。

后续工作

学生们回答完每个题后，教师应停下来数一数有多少个学生回答正确。然后选出一位回答正确的学生让其来为该题做解析。

智商较高的学生会认为这些题比较简单，但大多数学生的智商差别不大，所以请务必保证学生们有充足的思考时间，而不是仓促作答。如果你的班级里有外国学生，他们会在本国语言与汉语间切换，因此会需要更多的思考时间。

安排学生分组参与游戏，给他们15分钟自己设计一份10道题左右的测试卷，题目应包括正确论断和错误论断，这些信息最好摘自本学期所学的内容。教师可以把这些测试卷收集起来，供学生们定期开展这个游戏时使用。

你还可以这样

如果学生们每个人有一个小白板，你可以给每个学生一支可擦掉笔迹的马克笔，这样，做游戏时学生们可以把答案直接写在白板上。

108 回信

- **游戏目的**：为科普活动课开头
- **适应年龄**：7岁以上
- **游戏时长**：10~30分钟，具体时间根据班级学生数量和年龄而定
- **游戏所需材料**：含有与科学有关的问题的信件

准备工作

学生们即将收到一些信件，而这些信正是你发出的，信件中应含有与“科学”这个话题相关的问题，比如：

短吻鳄与普通的鳄鱼有哪些区别？

哪种陆地动物跑得最快？最快可跑多少公里？

我家厨房里的水池堵住了，我妹妹告诉我一个妙招：先往水池里倒入一杯醋，然后倒入一杯苏打，再倒入一杯热水。如果我这样做会发生什么情况呢？这个方法可以疏通水池吗？这个方法是否安全呢？

根据实际情况把学生分成几组，具体分组方法请参见前面章节。

给学生的指导

1. 我将会给每组一封信，信中含有一个问题，你们的任务是回答信中提到的问题。

2. 这个游戏不需要给大家打分，无论你给出的答案是对是错，只要参与就好。一定不要怕犯错，要知道好多科学家正是因为遭遇错误才使他们有了重大的科学发现。

3. 每组有______分钟的时间讨论信中的内容并给出回答。

4. 游戏结束之前，我会为大家倒计时，请大家把握好时间。

后续工作

全班集体讨论每个问题及其答案。

把学生们分成小组，让每一组写一封信，信中应涉及一个与科学话题有关的问题，把所有信件收集在一起后再发给每个小组。请注意，信件不要再发给组员。你也可以要求学生们在书信中提出的问题最好是近期所学单元的内容。然后给每组5~10分钟的思考和作答时间。

你还可以这样

除了让学生们把答案写出来以外，你还可以让学生们口头回答问题。如果教室里有电脑，可以让学生们把答案打印出来，也应允许他们在网上搜索要提问的内容。

109 可循环的动物

- **游戏目的**：为科普活动课开头
- **适应年龄**：7~16岁
- **游戏时长**：10~20分钟，具体时间根据班级学生数量和年龄而定
- **游戏所需材料**：各种各样的杂物，剪刀，金属线，胶水

准备工作

准备一些看似没什么用的物品，如卫生纸的卷芯、火柴棍、纸片、可降解的包装物、泡泡的包装纸、纽扣等。

游戏开始前，根据实际情况把学生分成几组。

给学生的指导

1. 你的任务是用我为大家提供的材料制作一个独一无二的动物，这个动物可以是真实存在的，也可以是你自己想象的，唯一的要求是这个动物身体上至少有一个部位是会动的。

2. 你将有______分钟的时间来完成这个任务，游戏结束之前，我会为大家倒计时，请大家把握好时间。

3. 游戏结束后，每位同学跟大家分享一下你制作的动物。

后续工作

让学生们轮流分享他们的制作和发明，也可以让他们把自己的作品放在一起供学生们围观，讨论确认它们是什么动物。

110 堆纸成楼

- **游戏目的**：为科普活动课开头
- **适应年龄**：7岁以上
- **游戏时长**：10~20分钟，具体时间根据班级学生数量和年龄而定
- **游戏所需材料**：报纸、胶水

准备工作

准备充足的报纸，保证每个学生或每个组至少能有两大张，把报纸放在学生容易拿到的地方。

游戏开始前，根据实际情况把学生分成若干组。

给学生的指导

1. 在我们玩这个游戏之前，请大家思考一个问题：你认为只用纸搭建的楼高还是将纸和浆糊一起使用搭建的楼高呢？

2. 现在到我们用实践去检验真理的时候了，你的任务是尽量用这两张报纸建造一个高楼，越高越好。我说游戏开始后，你将有______分钟的时间领取报纸并开始搭建工作。

3. 游戏结束之前，我会为大家倒计时，请大家把握好时间。

后续工作

测量仅用报纸建造的大楼的高度并在纸上或黑板上记录下结果。

再玩一次这个游戏，这次要求学生们用到纸和胶水。为每个学生发一瓶胶水，用纸和胶水共同建造大楼，然后再测量一下大楼的高度。

请学生们分享一下他们的经验并总结只用报纸搭建的高楼和报纸加胶水组合搭建的高楼有哪些异同。

请学生们根据以上的分享把他们的经验总结简单写下来，并写出他们从游戏中学到了什么。

本游戏选自www.pbskids.org/zoom，你也可以访问该网站选择适合学生年龄的游戏，当然还可以让学生们自己访问该网站选择他们感兴趣的游戏。

Ⅲ 这是什么

- **游戏目的**：为科普活动课开头
- **适应年龄**：7岁以上
- **游戏时长**：10~20分钟，具体时间根据班级学生数量和年龄而定
- **游戏所需材料**：杂志上的动植物照片

准备工作

用数码相机拍下一些植物或动物的特写镜头，如果不容易找到合适的动物或植物，你也可以从杂志中选取图片，把图片剪下来后再用数码相机拍摄特写镜头，比如斑马的尾巴，章鱼的手臂，玫瑰花茎上的刺，等等。

如果你的学生年龄较大，可以选取一些难度较大的图片。一般情况下要保证给学生们看的图片中至少有2~3个是有难度的，如果该游戏是分组进行的，则应该保证每组学生拿到的图片中有3~4张的难度较大。

给每个学生一个答题模板，让他们把在图片中看到的动物或植物的名字写在答题模板上。

如需要分小组做游戏，则游戏开始之前，根据实际情况把学生分成若干组。游戏结束之前，你应该为大家倒计时，这样更利于大家把握时间。

给学生的指导

1. 每位同学（或每个组）手中有些照片，照片上是你们熟悉的动植物，但你看到的只是它们某个部位的特写镜头，你们的任务是确定它们是什么动物或植物。

2. 你们有______分钟的思考时间，然后把你的答案写在答题模板上。

游戏结束之前我会为大家发出倒计时信号。

3. 我们会一起揭开正确答案，并确定你们答对了多少道题。

4. 最后我们把照片贴到班级宣传栏里，让同学们能经常回顾。

你还可以这样

如果时间允许，教师不必急于公布答案，而是让学生们或各组彼此互换照片，然后继续游戏。

如果教学条件允许，教师可以把这些照片制作成幻灯片展示给学生，学生们根据自己看到的图片把答案按顺序写下来。当所有的图片展示完毕后，教师给出正确答案，学生们自己核对一下确定自己答对了几道题。

CHAPTER 13

第十三章

让社会学习更直观的游戏

Social Studies Scenarios

社会学习是一门涉及领域较多的学科，因此，关于这门课程的游戏也不胜枚举。

本章为大家介绍的游戏话题丰富、包罗万象，比如我们设计的游戏“生日习俗”并非简单地把关注点放在调查研究世界各地不同的生日习俗上，而是拓展到调查和分享节日庆典、婚礼风俗、服装服饰、早餐食物；“世界风光”这个游戏则把注意力集中在了丰富多彩的话题上，诸如桥梁、动物、教堂、地形地貌、卧室装点、美味佳肴等。

112 城市搜索

- **游戏目的**：为社会学习实践课开头
- **适应年龄**：7岁以上
- **游戏时长**：10~20分钟，具体时间根据班级学生数量和年龄而定
- **游戏所需材料**：首都城市模板，世界地图，地球仪，字典，课本，电脑，网络

准备工作

列出一些世界各地的首都城市，包括一些学生不太熟悉的首都，比如尼日利亚首都阿布贾、约旦首都安曼、巴拉圭首都亚松森、澳大利亚首都堪培拉、津巴布韦首都哈拉雷等，网络上也有资源供参考。

给学生们提供一些参考资料，比如世界地图、地球仪、字典、课本、电脑、网络等。

制作一个模板：只列出国家的名字，然后在每个国家名字的旁边划出一条横线供学生们填写该国家的首都。

游戏开始之前，把学生们分成两人一组或多人一组。

给学生的指导

1. 我们今天要玩一个与首都城市有关的游戏，我已经制作了一个含有国家名字的模板，每组会拿到一份这样的模板。

2. 你们的任务是在每个国家旁边的横线上写出该国家的首都，请大家注意字迹工整、书写正确。

3. 你们可以使用我为大家提供的参考资料来得出答案。

4. 你们将有______分钟的时间完成游戏，时间结束前，我会为大家发出倒计时信号。

5. 然后，我们来看一下每组答对了多少个。

后续工作

大家共同讨论一个国家的首都是如何遴选出来的，比如城市人口多、较高的就业率、旅游资源丰富、政治中心等。然后让学生们讨论一下自己的国家还有哪座城市可以作为首都并阐述原因。

你还可以这样

这个游戏还可以换种玩法，即在模板上列出各个国家的首都，然后在其旁边划一条横线，让学生们写出其对应的国家名。或者让学生们自己设计模板，然后彼此交换模板后看对方在10分钟之内答对了多少道题。

如果学生年龄较小，你可以选择一些学生们耳熟能详的国家。在形式上也可以适当变化，比如准备若干张卡片，在一张卡片上写出国家名，在另外一张卡片上写出首都名，然后让学生们把国家和首都的名字匹配起来。

113 生日习俗

- **游戏目的**：为社会学习实践课开头
- **适应年龄**：6~16岁
- **游戏时长**：10~20分钟，具体时间根据班级学生数量和年龄而定
- **游戏所需材料**：气球、马克笔、厚纸板

准备工作

研究不同国家的生日习俗和庆典活动，最好选一些学生们不太熟悉的国家，5~10个国家为宜。准备一些厚纸板制成的卡片，在这一张卡片上写出国家名，在与之对应的卡片上画出或粘贴上有关该国家生日习俗的图片，比如：在墨西哥，过生日要送糖果罐；在非洲，生日是要举行庆典的；在中国，过生日的人午餐要吃面条；在日本，过生日的人要穿新衣；在俄罗斯，过生日的人要办生日派对；而在尼泊尔，过生日的人前额上要贴上幸运符号。

把卡片复制多份，保证每个组有一份。把学生们分为3人一组，如果班级人数较多，你可以把学生分为4人一组甚至更多。

根据学生人数准备相应数量的气球，然后用马克笔在每个充气的气球上写一个数字用以彼此区分。准备同样数量的纸条，在每一个纸条上依次写上一个数字，然后把所有纸条装进袋子或容器里。

为每个气球拴一根细绳，学生们进入教室后给每个学生一个标有数字的气球。

给学生的指导

1. 我们今天要一起探讨一下世界各国的生日习俗，但首先，我们要分成小组。

2. 如果你气球上的数字是1，请走过来从袋子里随机抽取______个数字，气球上写有这几个数字的同学与你是一组。

3. 每个组会拿到一套生日习俗卡片，作为一个团队，你们的任务是把国家与生日风俗匹配起来。

4. 你们有______分钟的匹配时间，然后大家一起看一下你们组正确匹配了多少套卡片。

5. 匹配结束之前，我会为大家倒计时，请大家把握好时间。

后续工作

让学生们谈谈自己家有哪些生日习俗或传统，然后一起谈讨论一下家庭及文化传统的重要性。

你还可以这样

让学生们自己独立制作一本生日风俗绘本，画出各个国家的生日风俗。也可以让学生们设计一个与其他文化传统有关的调查项目。

114 地名填格游戏

- **游戏目的**：为社会学习实践课开头
- **适应年龄**：6岁以上
- **游戏时长**：10~20分钟，具体时间根据班级学生数量和年龄而定
- **游戏所需材料**：横纵格卡片，豌豆或细尖马克笔，硬纸板，奖品

准备工作

列出当地的旅游景点、公园、体育馆、学校、宾馆、知名企业等。如果你的学生年龄较小，可以制作一个横向9个格、纵向12个格的游戏板；如果你需要难度稍大的游戏，则可以制作一个横向20个格、纵向30个格的游戏板。根据学生数量制作同等份数的游戏格卡片，你也可以多准备出几份，以备不时之需。然后从列出的项目中随意选出一个填在游戏格中，每份游戏格中的话题应有所不同。

把卡片上的话题抄写在若干张小的硬纸板方格中，每个方格上写一个话题，然后把这些硬纸板方格放到袋子或盒子中。

准备一些小奖品，比如铅笔、钢笔、香味橡皮、彩色便笺条、贴纸等。

学生们进入教室后，给每个学生一张游戏格纸，一把豌豆粒或细尖马克笔，然后让大家在自己的座位上坐好。

给学生的指导

1. 我们今天要玩一个填格游戏，我们要把我们所在的城市或乡镇的地名或建筑名填到格子里。我已经把这些地名写了下来，大家请看，你们可能去过或听说过这些地方。

2. 我会每次从袋子里随机抽取一个方格，当我读出方格上的项目后，请大家看一下自己手中的游戏格纸上是否有这个名字，如果有，请在这

个地名处放一粒豌豆或用马克笔在上面打一个叉（×）。

3. 当游戏格中的某一行或某一列的所有方格都放上了豌豆或划上了叉（×），你就胜出了，请举手示意我，我会给你发一个小奖品。

后续工作

如果时间允许，学生们可以多玩几次这个游戏，使更多的学生有机会体验到胜利的成就感。如果你的学生年龄较小，可以多准备一些奖品，然后把剩余的奖品发给没有胜出的学生，用以奖励他们的参与和配合。你也可以考虑给年龄较大的学生颁发参与奖。

安排学生们设计一个与本游戏类似的游戏，可以让学生用课本上的历史事件、著名人物、国家来玩填格游戏。

你还可以这样

让学生们用可擦拭的白板做这个游戏，这样表格就可以被再次利用。网上有很多类似的游戏可供参考，这会使游戏更好玩。

115 识国旗

- **游戏目的**：为社会学习实践课开头
- **适应年龄**：7岁以上
- **游戏时长**：10~20分钟，具体时间根据班级学生数量和年龄而定
- **游戏所需材料**：国旗的图片、世界地图、地图集、字典、地球仪

准备工作

这个游戏中有学生们熟悉的国旗，也有陌生的国旗，所以本游戏旨在让大家温故而知新。

先确定你需要哪个国家的国旗，然后去文化用品店购买。如果没有足够的资金，可以用水彩笔画出所需要的国旗图案，字典和百科全书里都可以找到国旗图样。

网络也为我们提供了无限的便利，很多网站上都可以浏览下载世界各国的国旗。

用卡片或标签标注各个国旗所属的国家，然后把这些国旗展示给学生们。学生年龄越小，你需要的国旗数量就越少。

游戏开始之前，把学生们分成两人一组或多人一组。

制作一个标有数字的模板，你准备了多少面国旗，就在模板上标上多少个数字，然后根据小组的数量复制相应数量的模板。

给学生的指导

1. 每个小组有一份模板，模板上列有若干国家的名字，大家看到的国旗就代表这些国家。

2. 你们的任务是为各个国家选出他们的国旗。

3. 你可以借助教室内的参考书或教具帮你找到答案。

4. 你们将有______分钟的时间写出答案，时间结束前，我会为大家发出倒计时信号，请大家把握好时间。

后续工作

集体讨论这些国家为什么如此设计他们的国旗，并说明国旗上的颜色、符号及文字的意义所在。让学生讨论为什么故意玷污国旗是犯罪行为，为什么有人明知这种行为是犯罪仍会以身试法。

你还可以这样

如果有的学生对这个游戏特别感兴趣，你可以建议他去一些学习网站上找类似的游戏。

116 中国地图拼图游戏

- **游戏目的**：为社会学习实践课开头
- **适应年龄**：7~18岁
- **游戏时长**：10~20分钟，具体时间根据班级学生数量和年龄而定
- **游戏所需材料**：厚纸板，各省份地图的轮廓

准备工作

准备一张大的中国地图作为参照，沿着地图上各省的轮廓剪下并放大一定的比例。

各省地图要有一定的高度和宽度，这样当将各省地图拼成一张完整的地图时才能够高、够大。

把每个省放大后的地图贴在纸板上，然后沿着地图边缘把纸板剪成地图的形状。这样每块纸板就成了一片拼图。

在教室中腾出一块空地供学生们把各省拼图拼在一起。如果你的教室空间有限，则可以让学生们先听你讲述游戏规则，再把各块拼图带到户外或操场的空地上去做这个游戏。

学生们进入教室后，为他们发放拼图。根据学生数量来确定给每个学生分发几块拼图。如果学生较多，则可以把他们分成小组，再确定给每个小组的拼图数量。

给学生的指导

1. 今天，我们要检测自己对中国地理知识的掌握情况。

2. 谁能告诉我你们手中的拼图与哪个省份的地图相同？（如果没人知道正确答案，则可以给学生们一些提示，直到有人答出正确答案为止。）

3. 你们的任务是在______分钟之内把手中的拼图拼成一张完整的

地图。

4. 时间结束之前，我会为大家发出倒计时信号，请大家把握好时间。

后续工作

如果学生们没有在规定的时间内完成游戏任务，可以再多给他们一些时间。你也可以让学生们说出自己手中的拼图是哪个省的地图，或是说出曾经去过哪些省份，并让他们讲述这些省份的自然风光、天气情况、文化传统及民间风俗等。

你还可以这样

找一张大小适中的中国地图，把含有山川河流、城市乡村、公路铁路的各省地图剪下来，贴在厚纸板上，这样就构成了拼图，然后让学生们把整张地图拼起来。

小张的地图也可以运用到这个游戏中。按照小地图上的各省轮廓用纸板制作出各省地图的图形，然后让学生们在自己的桌子上拼摆整个地图。学生们可以分小组开展游戏，这样更能体现出团队合作的重要性。

这个游戏也可以供汉语学习者使用。

117 世界地图

- **游戏目的**：为社会学习实践课开头
- **适应年龄**：7岁以上
- **游戏时长**：10~20分钟，具体时间根据班级学生数量和年龄而定
- **游戏所需材料**：世界地图、多色便条贴

准备工作

准备一张大些的世界地图，使坐在后排的学生也能清晰地看到地图。用彩色便条贴在地图上标注你所在的位置，你的先祖居住过的地方以及曾经游玩过的地方。给每个学生准备一些彩色的便条贴。

给学生的指导

1. 今天我们要把我们和世界的关系展示给大家。

2. 首先，如果大家知道自己先祖生活的相关信息，请大家花费1分钟的时间回想他们居住的位置，然后我们想想自己的亲戚朋友的居住地，或是回想一下自己曾经游玩过的地方（给学生们思考的时间）。

3. 我已经把几个便条贴贴在地图上了，这些便条贴表示的位置是我的先祖和亲戚朋友居住过的位置。

4. 好了，现在我会让大家把自己亲戚朋友的名字写在便条贴上，然后把这些便条贴贴在他们居住的位置。如果你们找不到这些位置，我可以向大家提供帮助。

5. 现在请大家在便条贴上写下名字，写完名字后，你们就可以在地图上的相应位置贴上便条贴。

后续工作

让学生们确定自己是否把便条贴贴在了正确的位置上，然后让他们说明是哪位亲戚或朋友住在这个位置，也可以让学生们分享他们的旅游经历。如果他们没有外出旅游过，则可以让他们把自己希望去的地方贴上便条贴。

你还可以这样

本游戏中，你也可以不用世界地图，而是用中国地图；也可以不用彩色的便条贴，而是用彩色的图钉。

如果条件允许，也可以给学生们发电子地图，然后让学生们用叉号或星号标注自己曾经居住过或是去过的地点，亦或标注自己的先祖、亲戚朋友居住的地方。

118 历史事件表

- **游戏目的**：为社会学习实践课开头
- **适应年龄**：11岁以上
- **游戏时长**：10~20分钟，具体时间根据班级学生数量和年龄而定
- **游戏所需材料**：索引卡片或厚纸板，马克笔

准备工作

选择一个具体的历史时间段，并写出这段时间发生过的历史事件，其间包括战争冲突、重大发现、文化变革、名人逸事、政治革新、刑事案件等。

把你罗列出来的历史事件及相关人物、地点、事件经过等信息写在8厘米×12厘米的索引卡片上，然后用粗体字写出每个时间段。在该历史时间段的第一个事件和最后一个事件的卡片背面划一个“×”号。

全部卡片制作完成后，把每套卡片抄写多份供各个小组游戏之用。为了避免多套卡片相互混淆，你可以把卡片用颜色区分，即同一套卡片的颜色相同，不同套的卡片颜色不同。为了让卡片更耐用，你可以在卡片后再贴一层厚纸板，这样卡片就可以反复使用了。此外，每套的第一个事件和最后一个事件的卡片背面也要划一个“×”号。

游戏开始之前，把学生们分成两人一组或多人一组。

给学生的指导

1. 我要给每组一套卡片，卡片上列着一个历史时期的历史事件。

2. 你们的任务是把卡片上的历史事件按照发生发展的时间先后顺序排列，在第一个事件和最后一个事件的卡片背面有一个符号“×”。

3. 你们可以借助教室里的课本、参考资料等完成游戏。

4. 你有______分钟的时间完成历史事件排序。时间结束前我会为大家发出倒计时信号，当你听到倒计时信号后，请抓紧时间。

后续工作

针对卡片上的每一个历史事件展开讨论，让学生们讲述他们掌握的与这些事件相关的历史知识。

新制作一些该历史时期的事件卡片，然后把这些卡片混在原来的卡片中重新排序。

你还可以这样

为了提高此游戏的难度，你可以把该历史时期的第一个事件和最后一个事件卡片背后的“×”去掉。你也可以让学生们自己设定一个历史时段，制作卡片，记录下从出生到现在的大事件。

119 世界风光

- **游戏目的**：为社会学习实践课开头
- **适应年龄**：7岁以上
- **游戏时长**：10~20分钟，具体时间根据班级学生数量和年龄而定
- **游戏所需材料**：世界各地的景色图片或幻灯片

准备工作

收集一些展示世界风光的图片，图片可以是人物写真、服装展示、动物、名人雕塑、特色地貌、城市风光等。如果你想提高游戏难度，可以选用学生不太熟悉的图片，比如异域风格、某物品的特写等。

最后一张幻灯片使用你所在学校的图片。

在每张幻灯片上标上数字用以区分先后顺序。

根据图片的数量制作一个模板，模板上按顺序标上数字，并在数字旁划一条答题线供学生填写。复制模板并发给每个学生一份。

游戏开始之前，把学生们分成两人一组或多人一组。

给学生的指导

1. 我将给大家看一些世界风光图片，有人物写真、服装展示、动物、名人雕塑、特色地貌、城市风光等，我会按图片顺序展示给大家。

2. 你们的任务是与搭档或小组成员讨论图片中展示的内容属于哪个国家。

3. 你将有______分钟的时间来讨论每幅图片，全部的讨论时间结束前，我会给大家发出倒计时信号，请大家把握好时间。

后续工作

图片展示结束后，让学生们把自己的答案按顺序写在答题线上。学生们可能会写出出乎你意料的答案，因此要事先做好充足的准备。讨论每一幅图片，然后让学生们阐述这些图片与他们所学过的知识有哪些联系。

你还可以这样

给每个学生发一些图片，看看每个人能正确回答出多少道题。

如果学生的年龄较小，教师可以准备一些常见的景色或物品图片，比如学生所在区域的标志性建筑物或是校内风光等。

CHAPTER 14

第十四章

让技术更具象的游戏

Techno Tasks

我是一个不太关注新科学、新技术的人。最近我突然发现，让我跟上新技术的步伐俨然是不可能的事情了。

我学习使用开瓶器时才猛然发现我家的开瓶器已经太过时了，现在的开瓶器样式新颖、独具匠心、小巧轻便、高效快捷。目前的学校状况也类似我家的开瓶器，虽然学校里有很多教学经验丰富的教师，但是他们已经远远落后于先进的技术浪潮。作为一名老教师，我在本章中提到的技术手段也相对落后，所以我希望年轻有为的教师在借鉴这些游戏的同时能充分发挥自己的创新精神，让这些游戏饱含先进的成分，更希望他们能够无私地将他们的方法发布到网上，给广大教师更多的指导和启迪。

120 编故事

- **游戏目的**：技术课的开头
- **适应年龄**：6~16岁
- **游戏时长**：10~30分钟，具体时间根据班级学生数量和年龄而定
- **游戏所需材料**：有文字处理软件的电脑

准备工作

制作一个文档，在文档里只写出故事的第一个句子，然后把这个文档复制到每组学生的电脑里。

游戏开始之前，把学生们分为两人一组并让学生们集中注意力听教师讲解游戏规则。

给学生的指导

1. 同学们会在自己的电脑上看到故事的第一个句子，我们要一句一句地完成故事内容。

2. 我发出开始信号后，你们的任务是在电脑上打出故事的第二句话。

3. 你们将有______秒钟（或分钟）的时间写出你的句子，时间结束前，我会给大家发出倒计时信号，请大家把握好时间。

4. 当你听到倒计时信号后，保存已经写完的句子，然后走到旁边的电脑前。

5. 在每台电脑前，你们的任务是根据上文内容写下一个句子，然后我们大家一起看看我们编了怎样一个故事。

6. ______轮之后，我们会把故事打印出来，然后在班上选一名同学大声朗读故事。

后续工作

把每组学生写的内容以列表的形式列出或是把所有句子组织起来构成一个完整的故事，保存文档供日后使用。

如果你想增加游戏难度，可以让学生们在句子中插入符号等非文字内容，或是在每一轮设计不同的任务，比如为故事加标题、把标题字体加粗、让标题更醒目、改变标题颜色、让故事中所有主人公的名字字体是斜体等。

你还可以这样

如果你的学生年龄较小，可以为他们设计一个写词的任务，比如：如果你打算去火星旅行，你会带哪些物品？或是你会做的事情有哪些？让每组写出他们的答案。

如果学生的年龄更小一些，教师可以为他们提供一个答案词汇表，让学生们从词汇表中选择词汇输入到电脑中，你也可以把词汇念出来，然后由学生们把该词汇输入到电脑中。

121 绘制学校地图

- **游戏目的**：技术课的开头
- **适应年龄**：7岁以上
- **游戏时长**：15~30分钟，具体时间根据班级学生数量和年龄而定
- **游戏所需材料**：有图形软件的电脑

准备工作

把游戏要求写成文档或是用幻灯片展示出来，其内容包括设计要素、动画效果及完成时间。布置任务之前，把游戏要求文档拷贝到学生的电脑里或是用幻灯片展示。如果你想增进学生的理解，这两种方式可以同时使用。

游戏开始之前，把学生们分为两人一组或多人一组。

给学生的指导

1. 今天我们的游戏内容是在电脑上绘制学校地图，大家打开电脑中的文档后会看到本游戏的具体要求。

2. 在游戏过程中，如果你遇到问题，可以向我求助，但要想得到我的帮助你需要做以下3件事情：第一，在网上寻找答案；第二，仔细阅读游戏要求文档，看文档是否能解答你的疑虑；第三，向你的同学求助。

3. 如果这3个途径都没能让你得到答案，你再来问我，我很乐于帮助你，而之所以让你做这3件事是为了培养你独立学习的能力。

4. 你有______分钟的时间绘制地图，如果在此时间内你没能完成游戏，我会在本周给大家安排其他时间来继续该游戏。

后续工作

把学生绘制的学校地图打印出来，在征得学校的允许后，把这些地图贴在校园里。如果可能的话，可以把地图放大。

让学生们选出最好的地图，然后把这张地图送给学校管理处。地图可以用在学校的网站上，也可以印在学校宣传页上。

你还可以这样

如果你觉得学生绘制学校的地图有难度，可以让学生们绘制教室的地图。当然，如果你想提高这个游戏的难度，则可以让学生们绘制他们所在的城市或村庄的地图。游戏难易程度的把握完全由学生的年龄和能力来决定。

122 科目大卖场

- 游戏目的：技术课的开头
- 适应年龄：7岁以上
- 游戏时长：15~30分钟，具体时间根据班级学生数量和年龄而定
- 游戏所需材料：有文字处理软件的电脑

准备工作

在电脑上写出关于这个游戏要求的提纲，然后把此提纲拷贝到学生们的电脑里，或是把提纲打印出来发给学生们。

游戏开始之前，把学生们分为两人一组或多人一组。

给学生的指导

1. 今天你们的任务是制作一页带有图表的广告，向同学们宣传学校开设的某个科目，你可以选择笼统的科目，比如数学、体育等，也可以细化科目的内容，比如几何和足球。

2. 游戏提纲中有具体的要求，但你的设计要能够吸引别人的眼球、内容充实、有说服力，也就是说要让你的“顾客”知道你为什么要“售卖”这门课程。

3. 你有______分钟的创作时间，时间结束前，我会给大家发出倒计时信号，请大家把握好时间。

4. 在玩游戏过程中，请大家互相帮助。如果你遇到问题，可以向我求助，但要想得到我的帮助你需要做以下3件事情：第一，在网上寻找答案；第二，仔细阅读游戏要求，看是否能从中得到答案；第三，向同学求助。如果这三个途径都没能让你得到答案，我很乐意帮助你。

后续工作

把学生们制作的科目宣传页打印出来，每组组员轮流向全班同学展示他们的科目宣传页，学生们会给出反馈，然后记录下他们喜欢你所宣传科目的两个原因和一个不喜欢的原因，并找出改进的方法。

你还可以这样

你所宣传的科目也可以是非学术性的，比如玩滑板、玩游戏等。

如果时间允许，而且学生们也会用电脑，可以让他们制作折叠的广告宣传册或是幻灯片作为宣传材料。

123 制作幻灯片

- **游戏目的**：技术课的开头
- **适应年龄**：7岁以上
- **游戏时长**：15~30分钟，具体时间根据班级学生数量和年龄而定
- **游戏所需材料**：有幻灯片展示软件的电脑

准备工作

游戏开始之前，把学生们分为两人一组或多人一组。在电脑上写出关于这个游戏要求的提纲，然后把此提纲拷贝到学生们的电脑里，或是把提纲打印出来发给学生们（如果你先发给学生们一些需要阅读的材料，那么他们会把你抛在一边，即使你要求他们听你讲完后再阅读）。

给学生的指导

1. 今天你们的任务是制作一个幻灯片，题为“我们所知道的______”，横线上可以填上的内容有生物、地理、幼犬、学校、狼，等等。

2. 你们的幻灯片可以在______页到______页之间（请自行决定横线上所填入的数字）。

3. 游戏要求提纲上还列出了其他要求，包括图表、动画效果、过渡效果，等等。

4. 你有______分钟的制作时间，时间结束前，我会给大家发出倒计时信号，请大家把握时间。

5. 如果你们没有在规定时间内制作完成幻灯片也无妨，我以后会为大家安排时间完成。

6. 在制作幻灯片的过程中，请大家互相帮助。如果你遇到问题，可以向我求助，但你要想得到我的帮助需要做以下3件事情：第一，在网

上寻找答案；第二，仔细阅读游戏要求，看是否能从中得到答案；第三，向同学求助。如果这3个途径都没能让你得到答案，我很乐于帮助你。

后续工作

教师要不时在教室里走动，给学生们提供鼓励、赞赏及帮助。学生们制作完成幻灯片后，观看他们的作品。如果时间允许，让每组在班上展示他们的创作；如果暂时没有时间，可以日后给学生们提供展示作品的机会。

你还可以这样

你也可以不给学生们设定幻灯片的题目，而是让他们自己选择幻灯片的主题。

124 了解 Wordle

- **游戏目的**：技术课的开头
- **适应年龄**：七岁以上
- **游戏时长**：10~20分钟，具体时间根据班级学生数量和年龄而定
- **游戏所需材料**：可以上网的电脑

准备工作

访问这个网站www.wordle.net，这是为了让你熟悉控制这个游戏的程序。打开这个网站后，找到www.ideastoinspire.co.uk/wordle.htm这个页面，你会看到“在教室里使用Wordle的51个趣味游戏”，其内容涵盖英语写作、单词拼写、网络安全、历史、科学、地理、数学、作业和音乐，等等。

给学生的指导

1. 访问www.wordle.net这个网站。

2. 单击“新建”这个词后会打开一个窗口。

3. 在第一个空格里输入你自己的一些信息，比如在学校你最喜欢哪一科目，你的兴趣爱好是什么，你最喜欢的食物是什么，你朋友的名字、家人的名字及宠物的名字是什么。

4. 写完这些信息后，点击“开始”，Wordle程序会根据你输入的信息给你一些词汇信息。

5. 点击“打乱顺序”按钮后，程序重新组织词汇信息。

6. 你将有______分钟的时间创作你自己的词汇信息组合，游戏结束前的1分钟，我会给大家发出倒计时信号。

后续工作

让学生们在教室里四处走动，这样他们可以看到别人的词汇信息。

让学生们把各自的词汇信息制作成幻灯片。

你还可以这样

让学生们把书本中的某篇文章或某个段落输入到第一个空格里，看看结果会得到怎样的词汇信息。

如果你的班级只有一台电脑，你可以把学生们分成小组做游戏。当一个小组在用电脑时，其他小组可以准备要输入到第一个空格中的词汇或段落。当他们得到自己的词汇信息后，给他们安排一个任务：把他们的词汇信息贴在班级的墙上，然后让大家统计哪个词出现的频率较高，或是让他们准备另外一些词汇，然后比较一下最终的结果是否有雷同之处。

125 动物名称大比拼

- **游戏目的**：技术课的开头
- **适应年龄**：7~10岁
- **游戏时长**：10~20分钟，具体时间根据班级学生数量和年龄而定
- **游戏所需材料**：毛绒动物玩具

准备工作

所有学生围成圈站，一名学生被选为“小动物”，此学生站在圆圈中间，手里拿着毛绒动物玩具。

当站在圆心的学生说出任意动物类别（如哺乳动物、昆虫、爬虫、两栖动物、鸟类、鱼类或无脊椎动物）时，投掷动物玩具给圆圈中任意学生，动物种类要根据学生的知识水平来选择。

接到玩具的学生需要说出一特定动物名称，与投掷者所说动物类别相符，并在投掷者数到10以前，把玩具扔回给投掷者，不得重复说过的动物。

如果最后一名学生可以正确说出动物名，他/她将和投掷者交换位置，游戏按照相同规则继续。

给学生的指导

此游戏可用球作为投掷物，这样更容易接住，且投掷不需太用力。

让成为“小动物”的学生把毛绒玩具传递给没有回答过问题的学生，让所有游戏参与者都有机会接住玩具并回答问题。

编一个歌谣，或者倒数10个数的时候配合一些动作，还可以在每个数字之间加上“和”或者其他词，这样就不会让倒数的过程越来越快。

第 3 部分

让课程圆满结束的游戏

Forty Ways To Wrap It Up

对于学生们来说，一节课程的结束与开始同等重要。通常一节课末尾时学生会有些疲倦，这时候一些总结类的游戏会让学生们恢复活力。当他们又以饱满的热情迎接接下来的学习时，学习能力也将有所提高。

课堂总结的科学性

“不要让没有参与总结活动的学生离开课堂，这不利于课堂教学。”这条建议来自大脑研究学者埃里克·严森和露安·尼克森所著的书籍《深度持久学习的七个有效方法》，作者在书中写道：“课堂的总结是一个图片处理过程，这个环节可以加深学生们的记忆。”这本书里提到了大量的总结活动，这些活动既能帮助学生们掌握新知识，又有利于教师了解每个学生的学习情况。尽管书中的很多活动是为高年级的学生设计的，但是只要稍加改造，这些学习活动就会深受各年级学生的喜爱。

因为本章中的总结游戏需要配合具体的某节课程，适应特定的学术领域及学生群体，所以本部分为大家准备的游戏与前两部分略有不同，这部分会侧重于游戏的准备活动和游戏过程，而没有设计太多对学生的指导。

第十五章中提供了20个日常课程的总结游戏，这些游戏适用于任一学习阶段的课堂，第十六章主要侧重于课程结束的活动。我们旨在用这些活动总结某个学习阶段学到的内容，以确保该部分学习的完整性。

俗话说实践出真知。教师在课堂上使用这些游戏时，首先要确定这些游戏是否适合你和你的学生，然后再把这些游戏介绍给其他的教师。如果你在工作中设计出了适合学生的游戏，也请无私地将那些游戏发布到网上与所有教师分享。

CHAPTER 15

第十五章

如何给课程结尾

What We Learned Today: Daily Closure

每天的总结活动有利于学生总结所学内容，为学生明确每一课的重点。

这些活动鼓励学生思考新的素材，有助于温故而知新。各个话题的彼此联系，让学生更深刻地理解新知识或新概念，帮助学生预测接下来要学习到的内容。

用于总结的活动并不复杂，这些小游戏都很简单，学生们可能用几分钟的时间就可以概括游戏过程，而课本中的概念越复杂，学生就越应该熟悉游戏的内容。对于教师来说，总结游戏的形式并不重要，重要的是这些游戏要达到以下目的：让学生们可以深刻地记住新知识、新技能。

126 ABC

- **游戏适用范围**：每节课或每天课程结束时的活动
- **适应年龄**：7岁及以上
- **游戏时长**：5~15分钟，具体时间根据班级学生数量和年龄而定
- **游戏所需材料**：白板和马克笔或黑板和粉笔
- **游戏目的**：强化所学的新知识，让学生自己提出问题，把新内容与之前学到的内容相结合，让学生把个人生活与所学内容相结合，运用自己的理解掌握新知识或新技能

游戏过程

第一步：在白板或是黑板上划分出三栏，每列分别用大写字母A、B、C来标示。在A栏中写上“我今天学到的重要知识点”。在B栏中写上“我今天在学习过程中遇到的难题”。在C栏中写上“与我们学过的知识的联系”。

第二步：首先，请一名学生为A栏提供例子，然后让所有的学生在这一栏中写下他们认为重要的知识点。

第三步：让学生们在B栏和C栏中写下相应的内容。

第四步：感谢学生的思考和参与。

你还可以这样

你还可以使这个游戏活泼些，让学生们走到白板或是黑板前在每一栏写下自己的想法。

对于年龄较大的学生，他们在每栏中写下的内容都可以成为讨论的话题，或是学生们可以在纸上完成自己的A、B、C栏，然后把这些内容与他们的同桌或组员乃至所有同学共同讨论。

127 扔球游戏

- **游戏适用范围**：每节课或每天课程结束时的活动
- **适应年龄**：6岁及以上
- **游戏时长**：5~15分钟，具体时间根据班级学生数量和年龄而定
- **游戏所需材料**：软橡胶球或布球
- **游戏目的**：强化所学的新知识，让学生自己提出问题，
  让学生把个人生活与所学内容相结合，
  运用自己的理解掌握新知识或新技能

游戏过程

第一步：教师针对刚讲完的课程提出问题，然后把球抛给某个学生，球扔给谁就由谁来回答这个问题。

第二步：如果接到球的学生回答错误，这个学生应该把球扔给另外一个学生，由他/她回答这个问题，这个过程将持续下去直到有人正确地回答出老师的提问。

第三步：当有学生正确回答出问题后，这名学生可以提出下一个问题，然后由其把球扔给一个同学，由这个同学回答，之后重复第二步。

你还可以这样

你也可以不以提问的方式开始这个游戏，而是让学生们就今天学到的知识要点发表自己的观点，然后再把球抛给其他同学。

把学生们分成小组，然后在他们的组内玩扔球游戏，这样做可以让每个学生有更多的参与机会。教师可以在各个小组间随便走走，给学生们一些鼓励。如果哪个小组对于正确答案有争议，教师可以随时帮助学生们做出正确判断。

128 大条幅

- **游戏适用范围：** 每节课或每天课程结束时的活动
- **适应年龄：** 7岁及以上
- **游戏时长：** 5~15分钟，具体时间根据班级学生数量和年龄而定
- **游戏所需材料：** 一卷牛皮纸、马克笔
- **游戏目的：** 强化所学的新知识，让学生自己提出问题，把新内容与之前学到的内容相结合，让学生把个人生活与所学内容相结合，运用自己的理解掌握新知识或新技能

游戏过程

第一步：在墙上贴一大张牛皮纸，然后给每个学生发一支马克笔。如果班级成员较多，教师可以考虑在墙上多贴一大张牛皮纸。

第二步：教师请学生们走到牛皮纸旁，根据自己的意愿写出在近期的学习中给他们留下深刻印象的内容，对同一话题的评论角度越多越好，学生们的评论无须原创或标新立异。

第三步：把学生们写出的主要概念及重要的课程元素圈起来，供日后学生评论。

第四步：已经完成的内容可以张贴在墙上，或是保存起来供未来测试之用。

第五步（可选）：在一个话题或是一个单元结束之后，把这些大条幅挂起来，这可以给学生们视觉上的动力与激励。

你还可以这样

如果每个学生有自己的白板，教师可以让学生们列出自己的条幅，学生们也可以两个人一组做这个游戏。

129 模板游戏

- **游戏适用范围**：每节课或每天课程结束时的活动
- **适应年龄**：6岁及以上
- **游戏时长**：10~20分钟，具体时间根据班级学生数量和年龄而定
- **游戏所需材料**：白板或黑板或白纸、马克笔
- **游戏目的**：让学生把个人生活与所学内容相结合，
  强化自己新学到的知识

游戏过程

第一步：用马克笔或粉笔在白板或黑板上画一个正方形9格游戏格作为模板，这个9格模板一定要让所有的同学看得到。

第二步：在9格中的6格填上最近学到的主要概念，可以你来填写也可以学生来填写，然后空出剩余的3个格子。

第三步：学生们把这个模板抄写到自己的纸上备用。同时，学生用自己学到的主要概念填写剩余的3个空格，每个学生写出来的内容是不同的。当学生们抄写模板的时候，要求他们把其中的主要概念写在一张纸条上，然后把这些纸条放在一个袋子里。

第四步：给学生们分发硬币或豆子作为做记号的工具。

第五步：每次从袋子里取出一个纸条，然后读出纸条上的概念，让学生们把硬币或豆子放在他们纸上相应的格子里。

第六步：第一个完成一行或一列的学生就是胜利者，然后让学生们重新开始进行下一个游戏。

你还可以这样

如果时间不允许或是学生的能力有限，教师可以自己绘制模板发给学生们。为了使准备工作省时省力，教师可以自己制作空白模板，复印后发给学生们供他们使用。

130 卡通人物对话

- **游戏适用范围**：每节课或每天课程结束时的活动
- **适应年龄**：7岁及以上
- **游戏时长**：5~15分钟，具体时间根据班级学生数量和年龄而定
- **游戏所需材料**：一卷牛皮纸、马克笔
- **游戏目的**：强化所学的新知识，让学生自己提出问题，把新内容与之前学到的内容相结合，让学生把个人生活与所学内容相结合，运用自己的理解掌握新知识或新技能

游戏过程

第一步：在海报上画一些卡通人物，并在人物旁边合适的位置上画一些对话框。

第二步：让学生们把他们最近学到的知识填入对话框中，仿佛这些卡通人物在讨论课业内容。在形式方面，学生们可以提供信息然后由老师把这些信息填入到对话框中，也可以让学生们自己把这些信息填入到对话框中。

第三步：讨论完整的对话，然后看他们有哪些问题或疑问。

第四步：把对话框中的文字擦掉，填入新的内容，再继续讨论。

你还可以这样

使用可擦掉的马克笔在对话框中写字，这样带有卡通人物的海报就可以重复使用了。你也可以制作一个带有卡通人物和对话框的模板，然后把模板复印后发给学生们填写对话。

你还可以安排学生两人一组或多人一组，然后给每组几分钟时间让他们思考一下在对话框里应该填入什么，之后轮流在对话框里填写形成完整的对话。

131 连点游戏

- **游戏适用范围**：每节课或每天课程结束时的活动
- **适应年龄**：7岁及以上
- **游戏时长**：5~15分钟，具体时间根据班级学生数量和年龄而定
- **游戏所需材料**：白板或黑板、白纸、钢笔或铅笔
- **游戏目的**：强化所学的新知识，让学生自己提出问题，把新内容与之前学到的内容相结合，让学生把个人生活与所学内容相结合，运用自己的理解掌握新知识或新技能

游戏过程

第一步：在白板上画一个大大的圆点，再写出最近学生们学到的一个主要的概念。

第二步：让学生们来到白板处，每个人画一个圆点，并把他们学到的关于主要概念的相关内容写在大圆点旁边，或是写一些与此概念有关的旧知识。

第三步：让学生把他们新加的圆点与大圆点连起来。

第四步：每次学生在白板上增加一个圆点后，你与学生们讨论新增加的内容。

你还可以这样

为学生们提供白纸、钢笔或铅笔，让他们自己做连点游戏。游戏结束之后，让学生们分享自己写下的内容，这种分享也可以在小组范围内进行。在学生独立做游戏的时候教师可以在教室里走走，看是否需要给学生们提供帮助。

132 倒数 3, 2, 1

- **游戏适用范围**：每节课或每天课程结束时的活动
- **适应年龄**：6岁及以上
- **游戏时长**：5~15分钟，具体时间根据班级学生数量和年龄而定
- **游戏所需材料**：白板或黑板、马克笔或粉笔
- **游戏目的**：强化所学的新知识，让学生自己提出问题，把新内容与之前学到的内容相结合，让学生把个人生活与所学内容相结合，运用自己的理解掌握新知识或新技能

游戏过程

第一步：在白板或黑板的左侧纵向写出3、2、1这3个数字。

第二步：让学生们在数字3的右侧写出他/她当天在课堂上学会的3个知识。

第三步：让学生们在数字2的右侧写出其前一天在课堂上学会的两个知识。

第四步：让学生们预测1个未来将要学到的知识，然后写在数字1的右侧。

第五步：如果时间允许，把这些内容擦掉，再玩一次这个游戏。

你还可以这样

这个游戏也可以不在黑板上进行，而是让学生们在自己的纸上写出3、2、1这3个数字，然后自己填入相关信息，学生们可以自愿分享他们写下的内容。

对于年龄较小的学生，教师可以让他们用口头表述所有内容，然后由教师把这些内容写在黑板或白板上。

133 闪卡学习

- **游戏适用范围**：每节课或每天课程结束时的活动
- **适应年龄**：6岁及以上
- **游戏时长**：10~20分钟，具体时间根据班级学生数量和年龄而定
- **游戏所需材料**：索引卡或海报板
- **游戏目的**：强化所学的新知识，让学生自己提出问题，把新内容与之前学到的内容相结合，让学生把个人生活与所学内容相结合，运用自己的理解掌握新知识或新技能

游戏过程

第一步：制作一些卡片，在卡片上分别写上或贴上与所学内容有关的事实、问题、图片、插图等来展示学生们所学到的主要概念和技能。如果合适的话，问题的答案或是答题线索可以写在卡片的背面。

第二步：把学生们分成小组，给每组学生分发4~5张卡片，然后让他们在规定的时间内讨论问题。

第三步：游戏时间结束后，让每组学生互换手中的卡片，然后讨论新问题。

第四步：教师可以在教室里走动，看是否可以给学生们提供帮助。

你还可以这样

在做这个游戏时，教师可以不必给学生分组，而是全班同学共同参与，教师只要用大海报代替小卡片即可。

学生们也可以自己制作闪卡作为学习的辅助工具，还可以互换卡片来增进同学间的交流，学生们也可以用这种方式激励学习。

134 正确的逻辑

- **游戏适用范围**：每节课或每天课程结束时的活动
- **适应年龄**：6岁及以上
- **游戏时长**：10~20分钟，具体时间根据班级学生数量和年龄而定
- **游戏所需材料**：幻灯片
- **游戏目的**：强化所学的新知识，让学生自己提出问题，把新内容与之前学到的内容相结合，让学生把个人生活与所学内容相结合，运用自己的理解掌握新知识或新技能

游戏过程

第一步：制作一组以近期学到的词语或句子为特色的幻灯片，把所有的词语和句子中的词打乱顺序，比如“独宣立言”“相等等边三角形的长度三个边”“人口巴西的大约两个亿有”。

第二步：每次播放一页幻灯片，让学生们在最短的时间内按照正确的逻辑顺序把句子或词语重新组织起来。

第三步：学生们把每个词语或句子正确排列顺序后，让他们讨论在游戏中遇到的问题及这个游戏涉及了哪些技能。

你还可以这样

这个游戏里还可以包括表格、插图、数学问题，以及某个科目或是某节课的具体知识点。在语文课上，幻灯片的内容可以设计成有语法错误或错别字的句子；由学生来改正错误，或者可以让学生划分句子结构，说明哪些是主语、谓语、宾语、定语、状语、补语等；在英语课上可以让学生们说出句子中的名词、动词、形容词等。

135 学习树

- **游戏适用范围**：每节课或每天课程结束时的活动
- **适应年龄**：6岁及以上
- **游戏时长**：5~10分钟，具体时间根据班级学生数量和年龄而定
- **游戏所需材料**：美术纸、剪刀、马克笔
- **游戏目的**：强化所学的新知识，让学生自己提出问题，把新内容与之前学到的内容相结合，让学生把个人生活与所学内容相结合，运用自己的理解掌握新知识或新技能

游戏过程

第一步：用黄色或棕色的美术纸做一棵“枝繁叶茂”的大树，也可以制作一排小树。

第二步：剪出各种颜色的树叶和花蕾。

第三步：当课堂教学结束后，让学生们在树叶和花蕾上写出他们在课堂上学到的某个话题、某个技能或概念。

第四步：让学生们把这些树叶和花蕾贴到树上以展示他们新学到的内容。

你还可以这样

把一棵小树或是人造树放在教室的墙角，当学生们学到了新知识后，可以让他们把写有新知识内容的树叶或花蕾贴在树上。

136 小白板复习

- **游戏适用范围**：每节课或每天课程结束时的活动
- **适应年龄**：7岁及以上
- **游戏时长**：5~10分钟，具体时间根据班级学生数量和年龄而定
- **游戏所需材料**：每个学生一个小白板，一支可以擦掉笔迹的马克笔
- **游戏目的**：强化所学的新知识，让学生自己提出问题，把新内容与之前学到的内容相结合，让学生把个人生活与所学内容相结合，运用自己的理解掌握新知识或新技能

游戏过程

第一步：设计一系列可以简短回答的问题，也可以是单项选择题。一般来说，简短的问题比单项选择题更能准确地评估出学生对知识的掌握情况，因为这类试题不会给学生任何答题提示。

第二步：每次问一个问题，然后让学生们把答案写在小白板上。如果条件允许，你可以用幻灯片给出每一个问题，然后由学生们写出答案。

第三步：请学生们回答完毕后，举起手里的小白板给老师看。

第四步：对于学生给出的答案，无论对错与否，教师都应尽快给出回复，这样学生们就可以知道自己的回答是否正确。如果答案错误，他们可以向旁边的同学求助。

第五步：在保证所有学生对该问题没有疑问的情况下，再继续下一个问题。

第六步：游戏过程中教师应该对学生的答题情况做一些记录，这样可以记录下成绩不太好的学生名字。如果有必要，可以对这些学生做一些额外的辅导。

137 写出空缺的词

- **游戏适用范围**：每节课或每天课程结束时的活动
- **适应年龄**：7岁及以上
- **游戏时长**：5~15分钟，具体时间根据班级学生数量和年龄而定
- **游戏所需材料**：白板或黑板，马克笔或粉笔，投影仪
- **游戏目的**：强化所学的新知识，让学生自己提出问题，把新内容与之前学到的内容相结合，让学生把个人生活与所学内容相结合，运用自己的理解掌握新知识或新技能

游戏过程

第一步：在黑板上写下一个与本节课主题相关的句子，请同学们认真阅读后根据所学内容在句子的空格里填入空缺的词。如果条件允许可以用投影仪把每一个句子投影在大幕布上，然后由学生们给出答案。

第二步：学生可以把句子中空缺的词写在纸上或白板上。

第三步：每个句子填空完成之后，立即讨论答案正确与否，教师可以通过这一步确认学生是否真正理解了教师所讲的内容。

你还可以这样

如果时间允许，你可以提前设计这些句子，然后把句子打印出来，让学生们人手一份各自作答。如果学生们需要较长的作答时间，他们可以把答题纸带回家去完成，第二天再带回学校交给老师。

你也可以安排学生两人一组，彼此设计句子填入空缺的词。

138 搭档分享

- **游戏适用范围**：每节课或每天课程结束时的活动
- **适应年龄**：6岁及以上
- **游戏时长**：5~15分钟，具体时间根据班级学生数量和年龄而定
- **游戏所需材料**：无
- **游戏目的**：强化所学的新知识，让学生自己提出问题，把新内容与之前学到的内容相结合，让学生把个人生活与所学内容相结合，运用自己的理解掌握新知识或新技能

游戏过程

教师还可以在这个游戏中加入一些与之前学习内容有关的问题，让学生们在游戏中进行讨论。

第一步：把学生们分为两人一组。如果学生人数是奇数，则教师可以参与进来或是安排一组有三个人。这些情况教师要事先掌握并做好准备，避免分组时有学生遗漏在外。

第二步：分组后，分配两个学生的角色，让其中的一个人先说，另一个人作为听众，然后再互换角色。

第三步：游戏开始前，教师设定每组的分享时间，比如1分钟或5分钟等。在这短暂的时间内，两个学生可以分享当天学到的内容。设定时间可以让学生有紧迫感。

第四步：分享时间过半意味着第一个人分享结束，小组中的两个人互换角色。

第五步：如果时间允许，可以要求学生们记住对话内容。学生也可以做一张对话要点记录卡，把谈话中涉及的课程要点记录下来，然后与全班同学共享。

139 纸飞机

- **游戏适用范围**：每节课或每天课程结束时的活动
- **适应年龄**：7岁及以上
- **游戏时长**：5~15分钟，具体时间根据班级学生数量和年龄而定
- **游戏所需材料**：可循环利用的纸张、钢笔或铅笔
- **游戏目的**：强化所学的新知识，让学生自己提出问题，让学生把个人生活与所学内容相结合，运用自己的理解掌握新知识或新技能

游戏过程

第一步：给每个学生一张或几张纸。

第二步：让学生们在纸上写出一个关于当前学习内容的话题，然后把这张纸叠成纸飞机，用力扔向天空。不要把飞机直接扔给某个学生。

第三步：每个学生接到一个飞机，阅读飞机上的问题后，给出答案。学生们也可以根据所需查阅资料，给出答案。

第四步：随机选出一些学生读出他们捡到的问题及给出的答案，其他同学根据情况提出建议来改进答案。

你还可以这样

可以不必叠成纸飞机，只要团成纸团即可，然后把它们投掷到空中；另外需要强调的是学生们可以把纸团扔到桌子上或地板上，但是不要扔向其他同学。

140 今天的问题

- **游戏适用范围**：每节课或每天课程结束时的活动
- **适应年龄**：7岁及以上
- **游戏时长**：5~15分钟，具体时间根据班级学生数量和年龄而定
- **游戏所需材料**：若干张白纸、钢笔或铅笔、一个袋子或盒子
- **游戏目的**：强化所学的新知识，让学生自己提出问题，让学生把个人生活与所学内容相结合，运用自己的理解掌握新知识或新技能

游戏过程

第一步：给每个学生提供一张白纸。

第二步：让学生们在纸上写出一个与课文有关的问题。

第三步：把所有的问题收集起来放到一个盒子或是袋子里。

第四步：每次由志愿者从盒子或袋子里抽取一个问题作为全班讨论的话题，这个问题也可以作为小组讨论或是同桌间讨论的话题。

第五步：如果时间允许，学生志愿者可以轮流抽取一些问题让同学们快速抢答或简单地加以讨论。

你还可以这样

教师可以把学生们前面几节课提出的问题放到盒子里，作为温习之用。

|4| 测试问题

- **游戏适用范围**：每节课或每天课程结束时的活动
- **适应年龄**：7岁及以上
- **游戏时长**：5~15分钟，具体时间根据班级学生数量和年龄而定
- **游戏所需材料**：白纸、一个袋子或盒子
- **游戏目的**：强化所学的新知识，让学生自己提出问题，引导学生把个人生活与所学内容相结合，运用自己的理解掌握新知识或新技能

游戏过程

第一步：给每个学生提供一张白纸。

第二步：让学生们在纸上写出一个与课文有关的问题。

第三步：把所有的问题收集起来放到一个盒子或是袋子里。

第四步：每次从盒子或袋子里取出一个问题作为当堂测试问题让学生们作答。

你还可以这样

教师也可以不以“随堂测验”的形式处理学生们提出的问题，而是把这些问题留到第二天用以回顾前一天所学知识。

142 评价课程

- **游戏适用范围**：每节课或每天课程结束时的活动
- **适应年龄**：7岁及以上
- **游戏时长**：5~15分钟，具体时间根据班级学生数量和年龄而定
- **游戏所需材料**：索引卡、钢笔或铅笔、黑板
- **游戏目的**：强化所学的新知识，让学生自己提出问题，引导学生把个人生活与所学内容相结合，运用自己的理解掌握新知识或新技能

游戏过程

第一步：一节课内容结束后，在黑板上写下几个刻度，然后在刻度上写上数字1~5及以下标签。

1. 非常棒。我完全能够理解本节课学习的内容。

2. 不错。我可能还需要一些训练和学习。

3. 一般。我基本上理解了本节课的内容，但是仍然有一些疑问。

4. 不行。这节课对我来说太难了。

5. 非常糟糕。我完全不理解，这节课的学习简直糟糕透了。

第二步：给学生们分发索引卡或是一些白纸。

第三步：让每个学生在索引卡或是白纸上写下与自己学习情况对应的数字及自己的名字，学生还需要在自己名字的旁边写上如此评价的原因。

第四步：教师根据学生们在索引卡或是白纸上写下的评价简单计分。

第五步：教师根据学生的分数来确认是该继续后面的课程还是再把本节课内容讲得更明白些。

你还可以这样

如果教室里有电脑，教师可以把学生们的评价制作成幻灯片，供日后学生评价课程之用。

143 角色扮演类游戏

- **游戏适用范围**：每节课或每天课程结束时的活动
- **适应年龄**：5岁及以上
- **游戏时长**：5~15分钟，具体时间根据班级学生数量和年龄而定
- **游戏所需材料**：毛绒玩具或手偶玩具
- **游戏目的**：强化所学的新知识，让学生自己提出问题，引导学生把个人生活与所学内容相结合，运用自己的理解掌握新知识或新技能

游戏过程

第一步：在一节课内容结束之时，教师向学生们介绍一个毛绒玩具或是手偶玩具，学生们可以随便给这个玩具取个名字，比如罗杰。罗杰很聪明，但是他记性很不好，他需要帮助。

第二步：罗杰根据本节课的内容提问，然后教师请愿意帮助罗杰的学生回答他的问题。

第三步：让学生们告诉罗杰他在家里应该做些什么来让自己更好地理解本节课学到的内容。

你还可以这样

如果这个游戏适合你的个性，你可以同年龄大些的学生玩这个角色扮演类的游戏。有时，教师可能认为这个游戏太过幼稚，年龄稍大的学生是不会喜欢的，实际上这些学生也非常喜欢这类游戏，而且他们把这类游戏当作是缓解压力的方法。除此之外，他们还可能从游戏中学到新知识。

144 完成句子

- **游戏适用范围：** 每节课或每天课程结束时的活动
- **适应年龄：** 6岁及以上
- **游戏时长：** 5~15分钟，具体时间根据班级学生数量和年龄而定
- **游戏所需材料：** 索引卡片、白纸、钢笔或铅笔
- **游戏目的：** 强化所学的新知识，让学生自己提出问题，引导学生把个人生活与所学内容相结合，运用自己的理解掌握新知识或新技能

游戏过程

第一步：一节课内容结束后，在黑板上写下一个或多个未完成的句子。比如：

今天我学到了____________________。

我有一个问题____________________。

我想知道____________________。

我有一个疑问____________________。

我想____________________。

第二步：给每个学生发一张卡片或白纸。

第三步：让学生按要求完成句子。

第四步：教师把每个学生写好的答案收集起来，迅速浏览学生们的疑问，然后让他们展开讨论。教师可以在这个环节针对学生疑惑的地方或是容易混淆之处答疑解惑。老师也可以让学生们自愿把已经完成的句子读出来供大家讨论或是由教师解答这些疑问。

145 60秒回顾

- **游戏适用范围**：每节课或每天课程结束时的活动
- **适应年龄**：7岁及以上
- **游戏时长**：5~15分钟，具体时间根据班级学生数量和年龄而定
- **游戏所需材料**：白纸、钢笔或铅笔（可选）
- **游戏目的**：强化所学的新知识，让学生自己提出问题，引导学生把个人生活与所学内容相结合，运用自己的理解掌握新知识或新技能

游戏过程

第一步：在游戏开始前，确定游戏开始和结束的信号。

第二步：教师给出开始信号后，学生有60秒钟的时间写下他们在课堂上学到的内容，时间到了教师给出结束信号。

第三步：让随机选出的学生与其他学生分享他们写下的内容。

第四步：如果你喜欢热闹活泼的课堂氛围，你可以让学生们说出他们写下的内容，正如步骤三中提到的那样。如果你喜欢安静的课堂氛围，可以设计一个60秒的静思时间，让学生们思考他们学到了哪些内容。

你还可以这样

这个活动也可以两人一组来开展，让学生们分别向对方描述他们在课堂上学习到的内容。

CHAPTER 16

第十六章

如何做好期末总结

Recapping The Course: End-of-Term Closure

当一门课教完后，很多教师合上最后一页课本便离开了课堂，然后学生们就可以为期末考试做准备了。对教师来说，这样的结束当然是再简单不过的了。但是，就这样了吗？学生仍会隐约觉得这门课程还没有完全结束，为什么呢？

人类的大脑需要对学到的信息和技能进行处理，尤其是对于新信息、新技能或与他们之前学习到的内容相悖的理论等，大脑需要进行复杂的处理。

期末总结游戏可以让学生们在情感和心理两方面接收知识，让他们意识到知识积累带给他们的成就感，这些都会激发学生们的学习兴趣、增强师生关系、增强集体荣誉感。我教过的一些高中生和大学生曾经多次建议我在班级留言册上添加上“签到页”，学生可以根据自己的意愿把自己的电话号码和E-mail写在上面，这可以给学生们提供互相联系的机会，大家可以在课后分享自己的学习心得，兴趣相投的学生也可以建立兴趣小组互相帮助，共同进步。这个方法对于年龄较小的学生很有帮助，尤其是在他们做作业遇到困难时，及时的解惑不但可以排除他们的疑虑，更能加深记忆。

本章为大家提供了20个课程结束时的总结游戏。这些游戏与每天的课程总结游戏有相似之处，比如它们也涉及多个科目，包含丰富的练习、游戏项目、技巧强化等，但本章的活动也有别于课堂总结游戏。课堂总结游戏侧重于随堂总结或为下节课做铺垫，而本章中的游戏则聚焦于学期总结，让学生们在较短的时间内回顾自己本学期学到的知识，在收获沉甸甸的学习经历的同时与即将过去的美好时光道别。

在时间方面，因为期末总结时课堂时间稍多些且学生们都已经彼此熟悉，甚至已经成为朋友，所以他们更愿意参与，因此根据学生们的数量、年龄、性格及科目的特点可把游戏时间设定为20~30分钟，也可以根据情况延长至40分钟。如果考试日程紧张而没有太多时间用于期末总结，则游戏活动也可以适当缩短。无论是哪种情况，大家都应该珍惜期末总结的分分秒秒。

146 倒数 5, 4, 3, 2, 1

- **游戏适用范围**：本游戏可作为课程结束时的活动
- **适应年龄**：7岁及以上
- **游戏时长**：5~15分钟，具体时间根据班级学生数量和年龄而定
- **游戏所需材料**：黑板或白板，为学生准备的模板
- **游戏目的**：强化所学内容，让学生把个人生活与所学内容相结合，让学生自己提出问题，给学生反馈及结束本节课

游戏过程

第一步：在黑板或白板上写一些提示，也可以给学生们提供一个带有提示的模板。无论是哪一种形式，以下5个含有数字的项目应该包含其中：

我在这节课上学到的5个信息或是5种技能。

以上五个信息或是五种技能帮助我的4个方面。

这节课引发的3个想法。

我在本节课上喜欢的2件事。

我还想知道的1件事。

第二步：让学生们写出并分享他们的答案。5~10分钟之后，每组选出一个代表说出自己的答案。

你还可以这样

这是一个可以让全班学生参与的游戏。当学生们给出自己的答案时，教师可以把这些答案写在黑板或是白板上。

147 课堂肖像画

- **游戏适用范围**：本游戏可作为课程结束时的活动
- **适应年龄**：7岁及以上
- **游戏时长**：5~15分钟，具体时间根据班级学生数量和年龄而定
- **游戏所需材料**：白纸、蜡笔、马克笔或是彩色铅笔、数码相机
- **游戏目的**：强化所学内容，鼓励学生总结所学内容，让学生把个人生活与所学内容相结合，结束本节课

游戏过程

第一步：把厚纸板、白纸或可循环使用的纸张、蜡笔、铅笔或马克笔发给学生们。

第二步：把你自己的肖像画作为示范展现给学生们。如果你觉得学生的美术水平不高，或是担心他们不能很好地完成这个任务，可以让学生们画一些粗线条的画像。

第三步：给学生们10~15分钟的时间来画他们自己的肖像画，然后写出他们在课堂上学到的重要知识。

第四步：学生们完成自己的肖像画后，可以让他们把自己的作品贴在教室的墙上或是班级留言板上。

第五步：如果时间允许，你可以让学生们分享一下他们所学到的重要知识，当然，这一点要以学生的意愿为前提。如果学生们不愿意这么做，你应该放弃这一想法。

第六步：学生们把自己的肖像画贴到墙上后，教师可以给所有的肖像画拍一张照片作为班级肖像，然后把照片通过电子邮件发给每位学生。如果教室里有电脑和扫描仪，还可以通过扫描后将文档打印出来，发给每个学生。

148 测试

- **游戏适用范围**：本游戏可作为课程结束时的活动
- **适应年龄**：7岁及以上
- **游戏时长**：5~15分钟，具体时间根据班级学生数量和年龄而定
- **游戏所需材料**：白纸、钢笔或铅笔
- **游戏目的**：强化所学内容，让学生把个人生活与所学内容相结合，让学生自己提出问题，给学生反馈及结束本节课

游戏过程

第一步：给每个学生两页纸。

第二步：让学生们根据本节课的内容写出一些问题。

第三步：把所有的问题收集到一起设计一份试卷。你可以把这份试卷立即发给学生完成，或是第二天再把这份试卷发给学生们。如果你第二天把试卷发给学生，可以从收集上来的所有试题中选出一些比较好的问题供大家学习之用。

第四步：让学生们完成试卷后分组讨论他们的答案。如果他们对答案有任何疑问，应尽量协调一致。

你还可以这样

如果你不把这些问题汇集成试卷，也可以把这些问题作为当天口头测试或是课堂讨论之用。

149 给自己的信

- **游戏适用范围**：本游戏可作为课程结束时的活动
- **适应年龄**：7岁及以上
- **游戏时长**：10~20分钟，具体时间根据班级学生数量和年龄而定
- **游戏所需材料**：白纸、钢笔或铅笔、小故事或寓言故事
- **游戏目的**：强化所学内容，鼓励学生总结所学内容，让学生把个人生活与所学内容相结合，给学生反馈及结束本节课

游戏过程

第一步：准备一个小故事或是寓言故事，故事的话题要是大家熟悉的且讲述角度要有所不同，比如《三只小猪的真实故事》就是站在大灰狼的角度讲述了它的无辜。

第二步：向同学们大声朗读你选择的故事。

第三步：让学生们站在教师的角度给自己写信，信中讨论上课时学生的表现和行为。一些学生需要一些简单的练习，对于基础薄弱的学生，教师们会提供以下几个建议：

亲爱的莎莉：

你能在我的班级里学习我感到非常高兴，因为……

亲爱的萨曼塔：

快起来，闻闻咖啡的美味！在课堂上……

亲爱的哥们儿：

你觉得一直以来我都没发现你在上课的时候睡觉吗？

亲爱的戴维：

你的父母一定为你感到骄傲，他们骄傲于你的……

最后把所有的信收集起来，如果合适的话，你可以在课堂上朗读一些学生写的信，但不要提及作者的名字。

你还可以这样

可以在课堂上把学生分组，然后让每组选出一名代表来大声朗读信的内容。

你也可以增加以下内容：让学生们在信中写出自己如何看待成绩或是应该如何学习才能取得好成绩。

注意：

尽管这个游戏看似是为孩子们写的，但是高中生乃至成年人都会对它抱有极大的热情。

150 给未来学生的信

- **游戏适用范围**：本游戏可作为课程结束时的活动
- **适应年龄**：7岁及以上
- **游戏时长**：10~20分钟，具体时间根据班级学生数量和年龄而定
- **游戏所需材料**：白纸、钢笔或铅笔
- **游戏目的**：强化所学内容，鼓励学生总结所学内容，让学生把个人生活与所学内容相结合，结束本节课

游戏过程

第一步：为学生们提供白纸及模板，在黑板或投影幕布上给出写作任务。

第二步：让学生们给未来的学生写一封信，给他们提供一些学好本节课的具体建议。

第三步：把学生们的建议信收集起来贴在黑板上，学生之间可以相互参考，或是一同分享建议信中提到的学习技巧。

你还可以这样

如果教室里有电脑，你可以把所有的建议信汇集在电脑里，然后把建议信打印出来。

151 电子剪贴簿

- **游戏适用范围**：本游戏可作为课程结束时的活动
- **适应年龄**：7岁及以上
- **游戏时长**：5~15分钟，具体时间根据班级学生数量和年龄而定
- **游戏所需材料**：电脑、扫描仪、数码相机
- **游戏目的**：强化所学内容，鼓励学生总结所学内容，让学生把个人生活与所学内容相结合，加强学生间的互动与联系及结束本节课

游戏过程

第一步：请学生们搜集制作与本节课话题有直接关系的素材，如照片、绘画、网站及杂志上的文章、报纸的头条、海报等。

第二步：当学生们在教室里创作和分享他们带来的素材时，你用数码相机为他们拍下这一幕幕互动的瞬间。

第三步：扫描学生们带来的素材，然后把扫描的图片传到电脑里。

第四步：让学生们用素材的扫描图片和你为他们拍摄的照片制作成幻灯片，你可以在学期的最后一节课上展示学生们制作的幻灯片。

第五步：让学生们带来移动存储设备，这样他们就可以把幻灯片带回家，你也可以把幻灯片上传到学校网站上，供学生们下载。

你还可以这样

如果条件允许可以把学生分成小组，然后让他们制作完成具有自身个性的幻灯片并展示给大家。

152 画画与讨论

- **游戏适用范围**：本游戏可作为课程结束时的活动
- **适应年龄**：7岁及以上
- **游戏时长**：10~20分钟，具体时间根据班级学生数量和年龄而定
- **游戏所需材料**：白纸、钢笔、铅笔、马克笔
- **游戏目的**：强化所学内容，鼓励学生总结所学内容，让学生把个人生活与所学内容相结合，结束本节课

游戏过程

第一步：要求学生们画一幅与所学课程相关的画。

第二步：展示学生绘画作品，但不要表明作者的绘画意图。

第三步：每次展示一幅作品，然后让学生们说说他们如何理解每幅作品所展现的内容。等他们说完自己的想法后，请作者来解释一下他为什么要这样画。

你还可以这样

如果这个游戏对于你的学生来说太过抽象，可以安排一项与本课程话题相关的具体信息作为学生们绘画的题材，然后让学生互相之间比较一下作品，比如你可以让他们画一个具体的流程图或是描绘一下如何做一项任务，还可以让他们画出自己的学习方法。

153 名人名言

- **游戏适用范围**：本游戏可作为课程结束时的活动
- **适应年龄**：7岁及以上
- **游戏时长**：5~15分钟，具体时间根据班级学生数量和年龄而定
- **游戏所需材料**：白纸、钢笔或铅笔、招贴板、马克笔、电脑
- **游戏目的**：强化所学内容，鼓励学生总结所学内容，让学生把个人生活与所学内容相结合，结束本节课

游戏过程

第一步：列出与本课程话题相关的名人名言。

第二步：把这些名人名言张贴在招贴板上，也可以用幻灯片等形式与学生们分享。

第三步：让学生们就这些名人名言展开讨论。

第四步：要求学生们根据课程话题及近期所学知识打造他们自己的“名人名言”，说出他们自己的听课体验。

第五步：让学生们把自己的作品制作成海报、幻灯片等形式，便于全班学生讨论。

第六步：让学生们彼此分享并讨论他们的“名人名言”。

你还可以这样

如果时间允许，让学生们把他们自己的“名人名言”汇集在一起制作成幻灯片，或者把这些汇总后的“名人名言”打印出来装订成册，便于学生们带回家回味及与家人分享。

如果时间允许，学生们可以把自己的“名人名言”配上插图，这样一本精美的儿童读物就出炉了。每页一条“名人名言”，每页一幅插图，学生们一定会为之自豪。

154 我是专家

- **游戏适用范围**：本游戏可作为课程结束时的活动
- **适应年龄**：7岁及以上
- **游戏时长**：根据学生年龄和学生数量的不同有所区别
- **游戏所需材料**：由学生决定
- **游戏目的**：强化所学内容，鼓励学生总结所学内容，让学生把个人生活与所学内容相结合，结束本节课

游戏过程

第一步：为每个学生或每组学生安排任务，给他们5分钟的时间来证实自己在课堂上学会的知识。

第二步：鼓励学生用摄像机、电脑或其他设备作为辅助工具，以增强他们所展示内容的可视性。

第三步：让学生们轮流做这个游戏，并积极为其他学生的展示给出正面反馈。

你还可以这样

为了充分发挥学生的能力，教师不要限制学生所展示内容的话题范围。如果学生们能把自己课余时间的才艺，比如烹饪、武术或者是手工技艺融入到游戏中就再好不过了。

155 我曾经认为

- **游戏适用范围**：本游戏可作为课程结束时的活动
- **适应年龄**：7岁及以上
- **游戏时长**：5~15分钟，具体时间根据班级学生数量和年龄而定
- **游戏所需材料**：白纸、笔、马克笔
- **游戏目的**：强化所学内容，鼓励学生总结所学内容，让学生把个人生活与所学内容相结合，结束本节课

游戏过程

第一步：在黑板或是教师指定的某个位置写上如下表达：我曾经认为______________，但我现在知道______________。

第二步：让每个学生根据自己所学到的知识完成句子。

第三步：让学生们把自己补充好的答案贴在班级留言板上，然后互相阅读彼此的表述。教师也可以把学生们的答案收集上来，然后通过网络发给全体学生，这样学生们就可以在课后的时间阅读其他同学给出的答案，也方便展开非正式的讨论。

第四步：如果时间允许，教师还可以挑出有创意的答案，并让该生为大家作出更具体的解释。

你还可以这样

除了让学生写出自己的想法之外，你也可以让学生们轮流说出或是表现出自己的反应和理解。

还可以把学生们分成几组，各组讨论后给出一个答案：我们曾经认为……但我们现在知道……之后组内成员也可以分享自己的想法。

156 学习小贴士

- **游戏适用范围**：本游戏可作为课程结束时的活动
- **适应年龄**：7岁及以上
- **游戏时长**：5~15分钟，具体时间根据班级学生数量和年龄而定
- **游戏所需材料**：白纸、笔、马克笔、电脑、扫描仪（可选）
- **游戏目的**：强化所学内容，鼓励学生总结所学内容，让学生把个人生活与所学内容相结合，加强学生间的互动与联系及结束本节课

游戏过程

第一步：安排学生两人一组或多人一组。

第二步：要求每组为日后学习本节课的学生设计一页学习资料，内容须包括本节课所有要点。

第三步：要求每组展示他们设计的学习材料，大家共同讨论，最后给出反馈意见。

第四步（可选）：如果时间和设备允许，可以让学生们收集所有的“设计”，加上封面和封底，然后装订成册。

第五步（可选）：教师还可以把这些别具匠心的设计扫描到电脑里，然后制作成幻灯片或是PDF文件，用电子邮件发给全体学生或是上传到公共网站。

你还可以这样

教师还可以把本节课所学知识按不同角度设定出几个话题，把这些话题安排给不同的小组，这样一来，每组提交的学习资料就会包含不同的信息，使这个活动更加多元化。

157 晒纸被子

- **游戏适用范围**：本游戏可作为课程结束时的活动
- **适应年龄**：6岁及以上
- **游戏时长**：10~25分钟，具体时间根据班级学生数量和年龄而定
- **游戏所需材料**：厚纸板、笔、马克笔、单孔打孔器、胶带、纱线或细绳
- **游戏目的**：强化所学内容，鼓励学生总结所学内容，让学生把个人生活与所学内容相结合，加强学生间的互动与联系及结束本节课

游戏过程

第一步：根据学生人数，事先从厚纸板上剪下足量的方形，确保至少人手几份。

第二步：在方形的四个角上粘上胶带以防四角折损，然后用打孔器在每个角上打一个孔。

第三步：把纱线或细绳剪成约15厘米长，给每个学生两段。再多准备一些厚纸板剪成的方形。

第四步：把方形分发给学生，然后给学生5~10分钟的时间在方块上画出本节课所学到的一个要点。

第五步：用绳子把学生的作品串连起来后就可以展示在墙上了。剩余的线可以系在剩余的孔里作为装饰，这样，一个充满生活气息的晒被子展示就完成了。

你还可以这样

教师可以在开学第一天的课堂上做这个游戏，学生们在自己的方形卡片上描绘出自己的卡通头像及兴趣爱好。到学期结束的时候，教师可以让学生们把一年学到的知识补充到方形卡片里。这样，最后的晒被子展示就出炉了。

158 剪贴簿

- **游戏适用范围**：本游戏可作为课程结束时的活动
- **适应年龄**：7岁及以上
- **游戏时长**：10~25分钟（需要两天时间准备）
- **游戏所需材料**：厚纸板、笔、马克笔、胶水、杂志、报纸、数码相机
- **游戏目的**：强化所学内容，鼓励学生总结所学内容，提升课堂氛围，让学生把个人生活与所学内容相结合，加强学生间的互动与联系及结束本节课

游戏过程

第一步：让学生带来与授课内容相关的照片、绘画或是印刷材料。

第二步：给每个学生发放一张厚纸板。这个环节教师要注意，一定要多准备出几张厚纸板备用，以应对个别学生将厚纸板弄脏或是某个学生想推翻重做等突发状况。同时为学生提供旧报纸、杂志、做记录的工具、胶水等，供他们使用。

第三步：为学生设定具体的时间要求，学生们应在这个时限内完成各自的学习页。

第四步（可选）：学生动手制作时，你可以为他们照相，然后把这些照片以及你的照片贴在剪贴簿上。你也可以让班级以外的其他人为你和学生们拍摄一张集体照。

第五步：收集每个学生制作的学习页，然后把它们装订起来，构成一个班级剪贴簿。

第六步：在班级剪贴簿上注明日期，然后让照片上的所有人在这本剪贴簿的扉页上写上自己的评论。

第七步：挑选志愿者为剪贴簿设计封面和封底。

159 自我评估

- **游戏适用范围**：本游戏可作为课程结束时的活动
- **适应年龄**：7岁及以上
- **游戏时长**：5~20分钟，具体时间根据班级学生数量和年龄而定
- **游戏所需材料**：白纸、笔、模板
- **游戏目的**：强化所学内容，鼓励学生总结所学内容，让学生把个人生活与所学内容相结合，加强学生间的互动与联系及结束本节课

游戏过程

第一步：在黑板上或是投影幕布上展示游戏规则，抑或给学生们提供一个有此功能的模板，模板上应印有学生姓名、日期、科目名称或课程题目及建议应取得的成绩，模板后附书写空间。

第二步：指定一段时间，让学生们在此期间对某一节课做自我评价，评价应包括他们的听课情况、课堂表现、互动情况、认真程度、课堂提问环节回答问题的准确率等。

第三步（可选）：开展个人评价反馈会。如果时间允许，教师可在学期末的某个时间根据学生的自我评价情况与学生进行面谈，对学生们的自我评价给出反馈，同时针对反馈内容给学生提出一些建设性意见，让他们将成功保持下去，或是从失败中吸取教训。

第四步：把所有的自我评价收集起来，作为考试总评的参考。如果期末考试后有充足的时间，教师可为学生的自我评价写上评语，然后在学生的期末考试结束后发给他们。

你还可以这样

这个游戏还可以作为一个单元学习结束的总结或是期中总结，你可以在游戏中为这段时间的学习提出一些建议和指导。

160 六字自我评价

- **游戏适用范围**：本游戏可作为课程结束时的活动
- **适应年龄**：7岁及以上
- **游戏时长**：5~15分钟，具体时间根据班级学生数量和年龄而定
- **游戏所需材料**：白纸、铅笔或钢笔
- **游戏目的**：强化所学内容，鼓励学生总结所学内容，让学生把个人生活与所学内容相结合，加强学生间的互动与联系，让学生们参与讨论及结束本节课

游戏过程

第一步：为你教授的课程做一个6字的表述。因为这门课程是全体学生都参与的课程，所以他们很容易理解你给出的范例。

第二步：给学生一段时间，让他们对自己做一个6字的表述。有些学生喜欢在写有自我评价的纸上做些装饰，比如加一些装饰性的图片或对这6个字做艺术性的加工和美化，也有的学生喜欢简单地把这6个字写出来，不加装饰。无论是哪种形式，都是可以的。

第三步：让学生们把自己的作品贴在班级留言板上或是教室的墙上，便于学生们浏览或讨论，你也可以让每个学生轮流把自己的作品展示给大家，以便加深印象。

你还可以这样

教师还可以把这些别出心裁的“6字自我评价”扫描到电脑里制作成幻灯片，供学生们观看或讨论。如果课堂上每个学生都有电脑，你也可以让学生们在电脑上设计自己的“6字自我评价”，然后把学生们分组，每个组的成员把自己的“6字自我评价”汇集在一起制作成幻灯片，与其他学生分享。

161 故事会

- **游戏适用范围**：本游戏可作为课程结束时的活动
- **适应年龄**：6岁及以上
- **游戏时长**：5~15分钟，具体时间根据班级学生数量和年龄而定
- **游戏所需材料**：与本节课有关的故事、寓言或神话
- **游戏目的**：强化所学内容，鼓励学生总结所学内容，让学生把个人生活与所学内容相结合，加强学生间的互动与联系，让学生们参与讨论及结束本节课

游戏过程

第一步：根据所教课程的内容或话题，找一个与之相关的故事、寓言或是神话。如果找不到符合条件的，你也可以采取自编的方式。

第二步：如果条件允许，把你准备的阅读材料打印出来发给学生们。

第三步：邀请学生们分享他们的阅读心得，这种分享也可以分组进行。

第四步（可选）：如果条件允许，你也可以要求学生把自己的阅读心得画出来，抑或是安排学生们根据课程内容或是话题自编神话故事、寓言故事等，然后与其他学生分享。

你还可以这样

你也可以找一个与所教课程相关的视频文件或是相关话题故事的视频片段，在课堂上为学生们播放，学生们一定会非常喜欢这种游戏方式。

162 20个疑问

- 游戏适用范围：本游戏可作为课程结束时的活动
- 适应年龄：7岁及以上
- 游戏时长：20~30分钟，具体时间根据班级学生数量和年龄而定
- 游戏所需材料：白纸、铅笔或钢笔
- 游戏目的：强化所学内容，鼓励学生总结所学内容，让学生把个人生活与所学内容相结合，加强学生间的互动与联系及结束本节课

游戏过程

第一步：把学生分成若干小组，也可以两人一组。

第二步：给学生们一个具体的时区间，让其写出这段时间他们学习中遇到的20个疑问。

第三步：把疑问收集起来，再随机发放给每一个小组。请确保每组收到的疑问不是他们自己写的。

第四步：要求每组在规定时间内回答他们可以解答的最大数量的疑问。

第五步：在课堂上讨论学生们误解或混淆的部分。

你还可以这样

对于年级较低、年龄较小的学生，教师要求写出20个疑问对他们来说是有很大难度的，因此可以要求低年级的学生只写出10个疑问，来降低这个课堂游戏的难度。

163 谁能得到A

- **游戏适用范围**：本游戏可作为课程结束时的活动
- **适应年龄**：7岁及以上
- **游戏时长**：10~20分钟，具体时间根据班级学生数量和年龄而定
- **游戏所需材料**：投影仪、投影幕布
- **游戏目的**：强化所学内容，鼓励学生总结所学内容，让学生把个人生活与所学内容相结合，加强学生间的互动与联系，让学生们参与讨论及结束本节课

游戏过程

第一步：根据本学期的主要信息点设计若干单项选择题及简答题，试题应有难有易，循序渐进。

第二步：把单项选择题和简答题用投影仪投射到幕布上，试题的字体要够大，以保证所有的学生都能看到试题内容。

第三步：用电视节目《开心辞典》的模式让学生们回答问题，看哪个学生答对的问题最多，那么这个学生就可以得到A。

第四步：制作一个学生成绩模板，记录下学生们的答案，统计整理后就可以得出一个金字塔用以说明哪些题学生们能够答对，哪些题会出错。

第五步：游戏开始前教师应该跟学生们说明答题人是否可以向同学、朋友咨询。

第六步：将一把椅子背对着学生放置，这样答题人答题时就是背对着同学，避免其他学生给出提示。

第七步：游戏开始之前，老师应该向学生们说明“游戏纪律”，即：作为观众的学生在答题时间内不可以说话；除答题人以外，其他人不可以在答题过程中做笔记或是给答题人提示，否则将被视为作弊行为，即

便是答题人因此得到了A，也会被取消。

♥ 你还可以这样

这是一个很受学生喜欢的游戏，适用于每个学期的期中或期末的复习和测试。

请注意：我曾经在高中生中玩过这个游戏，我使用的是整个学期中较难的试题，如果他们可以在这个游戏中得到A，那么他们在期末考试中一定会取得好成绩。即便学生们得到了A，他们依然需要参加期末考试，而事实证明，他们在真正的考试中确实取得了优异的成绩。

164 智慧之辞

- **游戏适用范围**：本游戏可作为课程结束时的活动
- **适应年龄**：7岁及以上
- **游戏时长**：10~20分钟，具体时间根据班级学生数量和年龄而定
- **游戏所需材料**：无
- **游戏目的**：强化所学内容，鼓励学生总结所学内容，让学生把个人生活与所学内容相结合，加强学生间的互动与联系，让学生们参与讨论及结束本节课

游戏过程

第一步：把学生们的椅子或桌子摆成一圈或是半圆形。如果教室的空间有限或桌椅挪动不方便，这个游戏也可以在教室外面开展。

第二步：让学生们在课堂上静静地思考他们的经历——这节课对他们有什么样的影响，他们从这节课中学到了哪些知识，除此之外，他们还想学哪些知识。

第三步：每次邀请一个学生用60秒时间说出自己的课堂经历，在这个学生分享自己的经历期间任何人都不要打扰他/她。教师应该准备一个计时器，这样学生们即可知道他们的分享时间还剩多久。

第四步（可选）：每个学生分享过后，给所有学生60秒钟的时间思考回味，然后一刻也不要耽搁，让另外一个学生分享自己的经历。

你还可以这样

让学生们轮流问老师问题。

165 写书

- **游戏适用范围**：本游戏可作为课程结束时的活动
- **适应年龄**：7岁及以上
- **游戏时长**：20~45分钟，具体时间根据班级学生数量和年龄而定
- **游戏所需材料**：白纸、马克笔或是有文字处理软件的电脑
- **游戏目的**：强化所学内容，鼓励学生总结所学内容，让学生把个人生活与所学内容相结合，加强学生间的互动与联系，让学生们参与讨论及结束本节课

游戏过程

第一步：把学生们分成小组或安排每两个人一组。

第二步：给学生们一个具体的时限，让他们以本课程的主题为题画一些图片或写一些文字。教师可以为学生挑选主题，这样做的好处是可以避免学生选题重复，学生还可以自己选主题，但必须告知老师他们的主题是什么，经教师允许后即可开始绘画或书写，直至形成一本个性十足的书籍。

第三步：把每本书扫描到电脑上，做成PDF文件，然后把文件上传到一个公共网站供全体同学下载观看，教师也可以通过电子邮件把文档发给每一个学生。

第四步：教师可以把学生们的作品打印出来。

第五步：邀请每组来展示他们设计制作的书，然后让学生们给出改进意见或建议。

第六步：教师选取优秀的学生作品各复印一份送往学校图书馆。为所有递送作品制作一个目录，在其中列出学生作品名及作者名。

第七步（可选）：教师也可以邀请家长或其他班级的学生前来欣赏学生作品。如果哪一组学生羞于上前展示自己的作品，也可以让其他学生代劳。

可见的学习与思维教学

让教学对学生可见，让学习对教师可见

ISBN：978-7-5153-4500-0
作者：[美]玛丽·凯·里琪
定价：39.90元

★ 获《中国教育报》"2017年教师喜爱的100本书"奖；获中国教育新闻网"2017年影响教师的100本书"奖。

★ 首次将全美最受追捧的"成长型思维模式"运用课堂教学的权威指南；

★ 成长型思维教学打造真正的因材施教、回应式课堂。

内容简介：本书运用著名心理学专家卡罗尔·德韦克创造的"思维模式"理论于课堂教学实践中，既有心理学、脑科学、思维训练等专业知识，又有注重差异化、回应式课堂的建构式教学系统，以及可应用的成长型思维模式塑造方法、任务和建议，更有大量图表、计划模板等教学工具，教师可以充分参考或直接使用。以生动的案例和实践步骤，将可运用的成长型思维教学技巧娓娓道来，破解思维能力培养难题，为学生学习和成长寻找到了"捷径"。

全书用科学的理论和具体可行的操作建议引领教师接受成长型思维模式；针对学生核心素养培养的教育目标，教师重新审视课堂，改变思维方式，明确教学的思维航向，在课堂教学、师生关系、学校氛围中，打造出学生智力、行为、学习与思维方式的创新教学模式；培养学生成长型思维方式，改变学生对自身能力和潜力的固定思维，从失败中学习，不断挑战自我，认定努力和困难能创造新的神经元连结，让大脑越来越聪明，最终成为具备极强学习能力，保持学习热情，主动追求卓越，自信健康的优秀学生。

英国“以学生需求为中心”的
课堂管理 / 教学法系列

风靡全球教育界的“五彩书” | 深受200多万教师推崇和追捧

［英］罗博·普莱文 著

7天成功的课堂管理，
让教与学直接“变现

第一分钟抓住注意力，
无聊课堂变“欢乐天堂”

助力小组合作，
掌握持久、可迁移的理解式学习

专治“问题学生”，
课堂管理“行为工具包”

让每1次对话都积极、
互动、有意义，
管理有成效

从备课开始，
到上课、说课、做课，
做一个魔法教师

智能课堂设计清单

帮助教师建立一套规范程序和做事方法

作者：[美] 史蒂夫·斯普林格
布兰迪·亚历山大
金伯莉·伯斯安尼

定价：49.90元

出版社：中国青年出版社

ISBN：978-7-5153-5298-5

获美国《学习》杂志“教师必选奖”

获《中国教育报》“教师喜爱的100本书”奖

加州大学洛杉矶分校（UCLA）等名校追捧的课堂管理模式

美国教育界“金苹果”奖、麦格劳-希尔奖明星教师经典之作

这是一个真实的课堂，有趣极具吸引力的智能课堂；一套系统、严谨的规范程序，一条清晰的成长路径；100多种清单、图表、范例、步骤和方法，简单、具体、高效，可直接复制，让课堂教学秩序井然；用设计“清单”，持续、正确、高效地把工作做好，确保学生获得更为有效的学习体验。

◎ 智能教室布置设计　　◎ 行为管理方法

◎ 课堂管理工具箱　　◎ 教室外活动清单

◎ 课堂教学技巧　　◎ 课程标准和要求

◎ 考试和评估清单　　◎ ……

基于课程标准的STEM教学设计

有趣有料有效的STEM跨学科培养教学方案

详细的教学案例

重塑学习方式

优质的课程资源

整合跨学科教学

作者：[美]826全美 著　　　出版社：中国青年出版社

定价：68.00元　　　ISBN：978-7-5153-4987-9

美国教育协会推荐10本书之一

席卷全美的教育革命，掀起全球跨学科教学风暴

斯坦福大学、加州大学伯克利分校、MIT等全球顶级名校追捧的教育新模式

北京十一学校校长**李希贵**，

中国教育学会常务副会长兼秘书长、STEM教育联盟秘书长**杨念鲁**，

北京师范大学科学传播与教育研究中心副主任李亦菲

作序并郑重推荐